secession

Anne Frank

LIEBE KITTY

S

ANNE FRANK
LIEBE KITTY

IHR ROMANENTWURF IN BRIEFEN

Aus dem Niederländischen übersetzt von Waltraud Hüsmert

Zweite Auflage

Aus dem Niederländischen übersetzt von:
Waltraud Hüsmert

Lektorat: Joachim von Zepelin

Korrektorat: Kristina Wengorz

Faksimiles und Foto
von Anne Frank (Dezember 1941):
Fotosammlung des Anne Frank Hauses,
Amsterdam

Gestaltung, Satz & Herstellung:
Erik Spiekerman & Daniel Klotz

Druck und buchbinderische Verarbeitung:
Friedrich Pustet, Regensburg
Papier Innenteil: Werkdruck Salzer EOS
holzfrei blauweiß 90g /1,5 Vol
Papier Vor- und Nachsatz: 115g Fly 05
Papier Überzug: 190g Iris Leinen
Gesetzt aus Guyot & DTL Nobel
Printed in Germany
ISBN 978-3-906910-62-8

Dieses Buch entstand in enger
Zusammenarbeit mit dem
Anne Frank Haus in Amsterdam.
Wir danken insbesondere
Menno Metselaar und Eugenie Martens
für ihre kenntnisreiche Hilfe.

INHALT

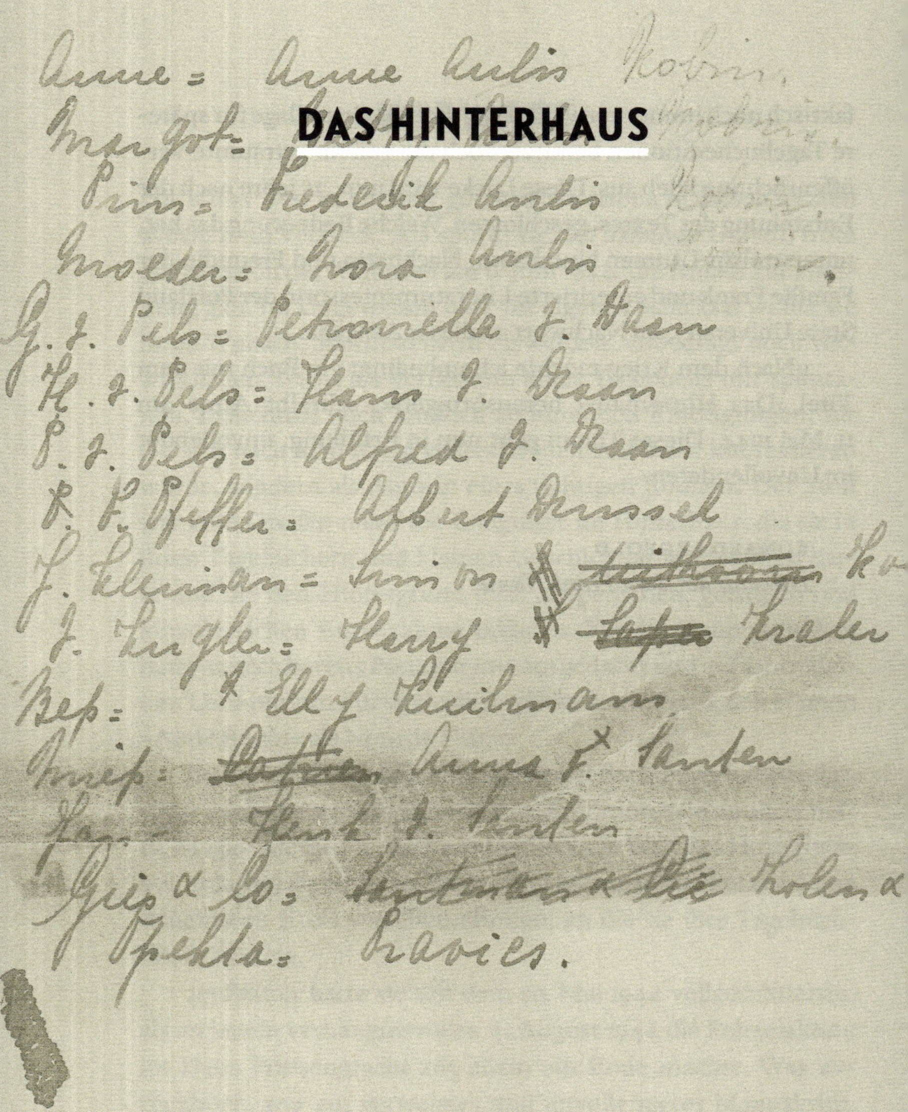

Anne = Anne Aulis Robin.
Margot = [illegible] Aulis Robin.
Pim = Frederik Aulis Robin.
Moeder = Nora Aulis.
G. v. Pels = Petronella v. Daan
H. v. Pels = Hans v. Daan
P. v. Pels = Alfred v. Daan
F. Pfeffer = Albert Dussel
J. Kleiman = Simon ~~Buithoorn~~ Ko
J. Kugler = Harry ~~Lafe~~ Kraler
Bep = Elly Kuilmans
Miep: ~~[illegible]~~ Anne v. Santen
Jan = Henk v. Santen
Gip & Co. = ~~[illegible]~~ Kolen & Co.
Opekta = Travies.

INHALT

VORWORT

SIE MUSS WIE BESESSEN geschrieben haben in diesen letzten Wochen im Versteck. Als spürte sie das nahende Unheil, trotz der Invasion der Alliierten am 6. Juni 1944, die Anlass zur Hoffnung gab. Im Ungewissen über ihr eigenes Schicksal wollte sie ihren Wunsch, Schriftstellerin zu werden, unbedingt noch verwirklichen. Nicht als Verfasserin eines Tagebuchs mit spontanen, manchmal noch kindlich anmutenden Eintragungen, für die sich nach dem Krieg vielleicht niemand mehr interessieren würde, sondern als Autorin eines richtigen Romans. Der Stoff war zum Greifen nahe: die Ereignisse im Hinterhaus, die sie in ihren Tagebüchern und kleinen Geschichten festgehalten hatte und die den Hintergrund ihrer körperlichen, geistigen und künstlerischen Entwicklung bildeten. Für die Hauptpersonen hatte sie sich bereits Pseudonyme ausgedacht und auf einer kleinen Liste notiert. Für sich selbst wählte Anne Frank den Namen »Anne Robin« als Nom de Plume.

Ihr Talent als Schriftstellerin hatte sich schon vorher gezeigt, sogar noch ehe sie ihre literarischen Ambitionen formuliert hatte. Eingeschlossen in der beengten kleinen Welt des Hinterhauses, erdachte sie schon im September 1942 in ihrer Fantasie einen imaginären Kreis von Freundinnen, an die sie ihre Tagebuchbriefe richtete.

215 Blätter hatte sie seit dem 20. Mai 1944 vollgeschrieben, als an jenem verhängnisvollen 4. August 1944 die Polizeiaktion im Haus Prinsengracht 263 allem ein Ende machte. Was zurückblieb, war ein verwaistes und unvollendetes Manuskript, ein literarisches Werk, das von ihrer Begabung zeugt und die Früchte ihres Lesehungers dokumentiert. Trotz des Ruhms, der Anne Frank nach dem Krieg als Tagebuchschreiberin und als Gesicht der Schoah zuteil wurde, ist dieses Manuskript

faktisch noch immer verwaist. Es wurde als Grundlage für spätere Tagebucheditionen benutzt, doch die von ihr erträumte Veröffentlichung blieb aus. Diese Lücke wird nun, 75 Jahre nach der Entstehung des Textes, geschlossen. Welche Bedeutung das hat, unterstreicht Laureen Nussbaum, Nachbarin und Freundin der Familie Frank und emeritierte Literaturprofessorin der Portland State University, im Nachwort zu dieser Ausgabe.

»Nach dem Krieg möchte ich unbedingt ein Buch mit dem Titel ›Das Hinterhaus‹ herausbringen«, schreibt Anne am 11. Mai 1944. Dieser Traum geht nun in Erfüllung, unvollendet im Unvollendeten.

RONALD LEOPOLD
Direktor des Anne Frank Hauses

DAS HINTERHAUS

Anne = Anne Aulis Robin.
Margot = Betty Aulis Robin.
Pim = Frederik Aulis Robin.
Moeder = Nora Aulis Robin.
G. v. Pels = Petronella v. Daan
H. v. Pels = Hans v. Daan
P. v. Pels = Alfred v. Daan
F. Pfeffer = Albert Dussel
J. Kleiman = Simon ~~Koophuis~~ Ko
V. Kugler = Harry ~~Lopes~~ Kraler
Bep = Elly Kuilmans
Miep = ~~Lopes~~ Anne v. Santen
Jan = Henk v. Santen
Gies & Co = ~~Kuilmans & Ko~~ Kolen & Co
Opekta = Travies.

ES IST FÜR JEMANDEN WIE MICH EIN SEHR MERKWÜRDIGES Gefühl, Tagebuch zu schreiben. Nicht nur, weil ich noch nie geschrieben habe, sondern auch, weil ich glaube, dass sich später niemand für die persönlichen Gedanken und Gefühle eines dreizehnjährigen Schulmädchens interessieren wird, weder ich noch sonst jemand. Na ja, darauf kommt es eigentlich auch nicht an, ich habe Lust zu schreiben und noch viel mehr, über vielerlei Dinge meinem Herzen mal richtig gründlich Luft zu machen. »Papier ist geduldiger als Menschen«, diese Redensart fiel mir ein, als ich an einem meiner leicht melancholischen Tage gelangweilt den Kopf in die Hände stützte und vor Energielosigkeit nicht wusste, ob ich nach draußen gehen oder zu Hause bleiben sollte, und so schließlich am Fleck sitzen blieb und weitergrübelte. Ja, es stimmt, Papier ist geduldig, und da ich nicht vorhabe, dieses kartonierte Heft, das den großspurigen Namen »Tagebuch« trägt, jemals irgendwem zum Lesen zu geben – es sei denn, ich finde noch irgendwann im Leben einen Freund oder eine Freundin, und dieser Mensch wird dann „der Freund“ oder „die Freundin“ –, ist das wahrscheinlich auch egal.

Nun bin ich an dem Punkt angekommen, an dem die ganze Tagebuch-Idee angefangen hat: Ich habe keine Freundin.

Damit das noch deutlicher wird, muss ich es erklären, denn niemand kann verstehen, dass ein dreizehnjähriges Mädchen ganz auf sich gestellt ist, und das stimmt auch nicht. Ich habe liebe Eltern und eine sechzehnjährige Schwester, ich habe insgesamt mindestens dreißig Bekannte und was man so Freundinnen nennt, ich habe einen Schwarm Verehrer, die mir jeden Wunsch von den Augen ablesen und, wenn's anders nicht geht, im Klassenzimmer noch versuchen, mit einem zerbrochenen Taschenspiegel einen Blick auf mich zu erhaschen, ich habe Verwandte, liebe Tanten, ein gutes Zuhause, nein, auf den ersten Blick fehlt es mir an nichts außer an „der“ Freundin. Ich kann mit keinem der

Mädchen und Jungen, die ich kenne, was anderes tun als herumalbern, ich komme nie dazu, mal über etwas anderes als über die alltäglichen Sachen zu reden und etwas persönlicher zu werden, und das ist das Problem. Vielleicht liegt dieser Mangel an Vertraulichkeit an mir, jedenfalls ist es so, und leider lässt sich auch nichts dagegen machen. Deshalb dieses Tagebuch. Um nun die Vorstellung der lang ersehnten Freundin in meiner Fantasie noch zu verstärken, will ich nicht einfach nur Tatsachen im Tagebuch festhalten, wie das üblich ist, sondern das Tagebuch soll die Freundin sein, und diese Freundin heißt Kitty.

Da niemand kapieren würde, was ich Kitty erzähle, wenn ich so mit der Tür ins Haus falle, muss ich kurz meine Lebensgeschichte schildern, auch wenn ich das nicht gern mache.

Mein Vater, der liebste Schatz von einem Vater, dem ich je begegnet bin, heiratete erst mit sechsunddreißig Jahren meine Mutter, die damals fünfundzwanzig war. Meine Schwester Margot wurde 1926 geboren, in Frankfurt am Main in Deutschland. Am 12. Juni 1929 folgte ich, und da wir Vollblutjuden sind, emigrierten wir 1933 in die Niederlande, wo mein Vater Direktor der Niederländischen Opekta-Gesellschaft für Marmeladenherstellung wurde. Unser Leben verlief nicht ohne Aufregungen, da die restliche Familie in Deutschland von Hitlers Judengesetzen nicht verschont blieb. 1938, nach den Pogromen, flüchteten meine beiden Onkel, Mutters Brüder, und brachten sich in Nordamerika in Sicherheit, meine alte Großmutter kam zu uns, sie war damals dreiundsiebzig Jahre alt. Von Mai 1940 an ging es abwärts mit den guten Zeiten, erst der Krieg, die Kapitulation, der Einmarsch der Deutschen, und das Elend für uns Juden begann. Judengesetz folgte auf Judengesetz, und unsere Freiheit wurde stark eingeschränkt, aber es ist noch auszuhalten, trotz Stern, separater Schulen, (...) Uhr zu Hause sein usw. usw.

Oma starb im Januar 1942, Margot und ich waren im Oktober 1941 ins *Joods Lyceum* umgeschult worden, sie in die 4., ich in die 1. Klasse. Unserer Vierer-Familie geht es noch immer gut, und so bin ich nun beim heutigen Datum angelangt, an dem die feierliche Einweihung meines Tagebuchs beginnt.

AMSTERDAM
Anne Frank
20. Juni 1942

20. Juni 1942

Liebe Kitty,

dann fange ich gleich mal an; es ist gerade so schön ruhig, Vater und Mutter sind nicht da, und Margot spielt mit ein paar jungen Leuten bei ihrer Freundin Trees Tischtennis. Tischtennis spiele ich in letzter Zeit auch sehr oft, sogar so oft, dass wir zu fünf Mädchen einen Klub gegründet haben. Der Klub heißt »Der kleine Bär minus 2«; klar ist das ein ziemlich verrückter Name, aber er beruht auch auf einem Irrtum. Wir wollten einen ganz besonderen Namen für unseren Klub und dachten, weil wir fünf Mitglieder haben, an die Sterne. Wir meinten nämlich, der Große Bär hätte sieben Sterne und der Kleine Bär fünf, doch bei genauerer Nachfrage stellte sich heraus, dass beide sieben haben. Deshalb »minus 2«. Ilse Wagner hat ein Tischtennis-Set, und das große Esszimmer der Wagners steht uns immer zur Verfügung, Susanne Ledermann ist unsere Vorsitzende, Jacqueline van Maarsen Sekretärin, Elizabeth Goslar, Ilse und ich sind die übrigen Mitglieder. Da wir fünf Tischtennisspielerinnen vor allem im Sommer große Lust auf Eis haben und man beim Tischtennis ins Schwitzen kommt, läuft so ein Spiel meistens auf einen Bummel zu den nächsten Eisdielen hinaus, die für Juden erlaubt sind, Oase oder Delphi. Nach Portemonnaies oder Geld kramen wir schon gar nicht mehr; in der Oase ist es meistens so voll, dass sich unter all den Leuten immer ein paar spendable Herren aus unserem großen Bekanntenkreis finden oder der eine oder andere Verehrer, die uns mehr Eis ausgeben möchten, als wir in einer Woche essen können.

Vermutlich bist Du ja ein bisschen überrascht, weil ich, so jung wie ich bin (die Jüngste im Klub), von Verehrern spreche. Leider – das leider gilt für ein paar Fälle nicht – ist dieses Übel in unserer Schule offenbar unvermeidlich. Sobald mich ein Junge fragt, ob er mit mir nach Hause radeln darf, und ein Gespräch in Gang kommt, kann ich mir bei neun von zehn Malen sicher sein, dass der betreffende Jüngling die lästige Angewohnheit hat, gleich in Feuer und Flamme zu stehen und mich nicht mehr aus den Augen zu lassen. Nach einer Weile flaut die Verliebtheit natürlich wieder ab, vor allem, weil ich die feurigen Blicke meist ignoriere und kräftig in die Pedale trete. Wenn es mal zu bunt wird und sie was von Vater fragen schwafeln, schlenker ich ein bisschen mit dem Rad, Tasche fällt runter, der junge Mann muss anstandshalber absteigen, und nachdem er die Tasche abgeliefert hat, habe ich längst ein anderes Gesprächsthema angefangen.

Das sind nur die harmlosesten, natürlich gibt es auch welche, die mir Kusshände zuwerfen oder versuchen, nach meinem Arm zu greifen, aber dann sind sie eindeutig an der falschen Adresse, ich steige ab und verzichte auf die weitere Gesellschaft, oder ich tue beleidigt und sage demjenigen mit klaren Worten, dass er nach Hause gehen kann.

So, der Grundstein für unsere Freundschaft ist gelegt, bis morgen.

Deine Anne.

21. Juni 1942

Sonntag.

Liebe Kitty,

unsere ganze I LII bibbert, und das natürlich wegen der bevorstehenden Zeugniskonferenz. Die halbe Klasse schließt Wetten ab, wer versetzt wird und wer sitzenbleibt, Miep Lobatto, meine Banknachbarin, und ich lachen uns scheckig über unsere beiden Nachbarn hinter uns, Pim Pimentel und Jacques Kokernoot, die ihr ganzes Ferienkapital gegenseitig verwettet haben. »Du wirst versetzt«, »von wegen«, »klar doch«, von morgens früh bis abends spät, nicht mal Mieps um Ruhe flehende Blicke und meine wütenden Anranzer können die beiden zum Schweigen bringen. Meiner Meinung nach müsste ein Viertel der ganzen Klasse sitzenbleiben, solche Schwachköpfe sind darunter, aber Lehrer sind die unberechenbarsten Menschen, die es gibt, vielleicht hat das jetzt ausnahmsweise auch mal was Gutes.

Für meine Freundinnen und mich habe ich keine großen Befürchtungen, ein paar Hausarbeiten und Wiederholungsprüfungen, damit werden wir wohl durchkommen. Nur in Mathematik bin ich unsicher. Also mal abwarten. Bis dahin machen wir uns gegenseitig Mut.

Ich komme mit allen Lehrern und Lehrerinnen ziemlich gut aus, es sind insgesamt neun, sieben männliche und zwei weibliche. Mijnheer Keesing, der alte Mann der Mathematik, war eine Zeit lang sehr wütend auf mich, weil ich so viel geschwatzt habe, ständig hat er mich ermahnt, und schließlich gab er mir eine Strafarbeit auf. Einen Aufsatz zum Thema »eine Plaudertasche«. Eine Plaudertasche, was soll man nun darüber schreiben? Doch das würde sich schon finden, ich notierte es mir, steckte das Aufgabenheft wieder in die Schultasche und versuchte, mich still zu verhalten.

Als ich abends zu Hause mit allen anderen Hausaufgaben fertig war, fiel mein Blick auf die Notiz über den Aufsatz. Mit dem Ende des Füllers im Mund dachte ich über das Thema nach; einfach was dahinschwafeln und alles möglichst weit auseinanderziehen kann jeder, aber einen schlagenden Beweis für die Unabwendbarkeit des Redens zu finden, das war die Kunst. Ich überlegte und überlegte, und auf einmal hatte ich eine Idee, ich schrieb meine drei aufgegebenen Seiten voll und war zufrieden. Als Argumente hatte ich angeführt, dass Reden weiblich sei, dass ich mir natürlich alle Mühe geben würde, es ein bisschen zu zügeln, doch abgewöhnen könnte ich es mir wahrscheinlich nie, da meine Mutter genauso viel wie ich redete, wenn nicht noch mehr, und dass gegen ererbte Eigenschaften nun mal nicht viel zu machen sei.

Mijnheer Keesing musste über meine Argumente sehr lachen, aber als ich das nächste Mal in seinem Unterricht mein Schwatzstündchen fortsetzte, folgte der zweite Aufsatz. Diesmal sollte es um »eine unverbesserliche Plaudertasche« gehen. Auch das wurde abgeliefert, und Keesing hatte zwei Schulstunden lang keinen Grund zur Klage. In der dritten Stunde wurde es ihm jedoch wieder zu bunt. »Anne Frank, als Strafarbeit für Schwatzen ein Aufsatz über das Thema ›Quak, quak, quak, sagte Fräulein Schnattergans‹«. Die Klasse prustete. Ich musste mitlachen, obwohl mein Erfindungsreichtum auf dem Gebiet von Quasselaufsätzen erschöpft war. Ich musste mir was anderes, sehr Originelles einfallen lassen. Der Zufall kam mir zu Hilfe, meine Freundin Susanne, eine gute Dichterin, bot ihre Mithilfe an, den Aufsatz von vorn bis hinten in Reimform abzuliefern. Ich jubelte. Keesing wollte mich hochnehmen mit diesem unsinnigen Thema, mit meinem Gedicht würde ich ihn doppelt und dreifach hochnehmen.

Das Gedicht wurde fertig und war fabelhaft! Es handelte von einer Mutter Ente und einem Vater Schwan mit drei kleinen Entchen, die vom Vater totgebissen wurden, weil sie zu viel herumquakten. Keesing verstand den Witz zum Glück, er las das Gedicht mit Kommentar in der Klasse vor und in ein paar anderen Klassen auch noch. Seitdem durfte ich schwatzen und bekam nie mehr eine Strafarbeit auf, im Gegenteil, Keesing macht jetzt immer Witze.

Deine Anne.

Mittwoch, 24. Juni 1942

Liebe Kitty,

es ist drückend heiß, jeder schnauft und stöhnt, und in dieser Hitze muss ich überallhin zu Fuß. Jetzt merke ich erst, was für eine feine Sache doch eine Trambahn ist, vor allem eine offene, aber dieses Vergnügen ist uns Juden nicht mehr vergönnt, Schusters Rappen müssen für uns reichen. Gestern musste ich in der Mittagszeit zum Zahnarzt in der Jan Luijkenstraat, von unserer Schule in den *Stadstimmertuinen* ist es ein langer Weg, am Nachmittag bin ich dann in der Schule auch fast eingeschlafen. Zum Glück geben einem die Leute von sich aus etwas zu trinken, die Sprechstundenhilfe beim Zahnarzt ist wirklich freundlich. Das Einzige, was wir noch benutzen dürfen, ist die Fähre. Von der Jozef Israëlskade geht ein kleines Boot, dessen Fährmann uns sofort mitnahm, als wir ihn darum baten, uns überzusetzen. An den Holländern liegt es bestimmt nicht, dass es uns Juden so schlecht ergeht. Wenn ich nur nicht in die Schule müsste, in den Osterferien ist mein Rad gestohlen worden, und das von Mutter hat Vater zu Christenbekannten gebracht, die es für uns aufbewahren. Aber zum Glück nähern sich die Ferien mit schnellen Schritten, noch eine Woche, und ich habe es überstanden.

Gestern Morgen ist mir was Schönes passiert, ich ging gerade am Fahrradunterstand vorbei, als mich jemand rief. Ich schaute mich um, und hinter mir stand ein netter Junge, dem ich am Abend vorher bei Wilma begegnet war. Er kam ein bisschen verlegen näher und stellte sich als Hello Silberberg vor. Ich wunderte mich ein bisschen und fragte mich, was er wollte, aber das stellte sich schnell heraus, Hello suchte meine Gesellschaft und wollte mich zur Schule begleiten.

»Wenn du sowieso in die Richtung musst, kann ich ja mitgehen«, antwortete ich, und so gingen wir zusammen.

Hello ist schon sechzehn und kann von allerhand Dingen interessant erzählen, heute Morgen hat er wieder auf mich gewartet, und das wird künftig wohl so bleiben.

Anne.

Mittwoch, 1. Juli 1942

Liebe Kitty,

bis heute habe ich einfach nicht die Zeit gefunden, um wieder zu schreiben. Donnerstag war ich den ganzen Nachmittag bei Bekannten, Freitag hatten wir Besuch, und so ging das weiter bis heute.

Hello und ich haben uns in dieser Woche besser kennengelernt, er hat mir viel über sein Leben erzählt, er kommt aus Gelsenkirchen und ist ohne Eltern hier in den Niederlanden bei seinen Großeltern. Die Eltern sind in Belgien, und für ihn ist es unmöglich, auch dorthin zu gehen. Hello hatte eine Freundin, Ursula, ich kenne sie auch, ein Musterbeispiel von Sanftheit und Langweiligkeit; nachdem er mir begegnet ist, ist Hello zu der Erkenntnis gelangt, dass er an Ursuls Seite einschläft. Ich bin also so 'ne Art Wachhaltemittel, man kann nie wissen, wozu man irgendwann noch mal nützlich ist!

Montagabend war Hello bei uns zu Hause, um meine Eltern kennenzulernen, ich hatte Torte und Süßigkeiten gekauft, es gab Tee und Kekse und alles Mögliche, aber weder Hello noch ich hatten Lust, die ganze Zeit nebeneinander auf einem Stuhl zu hocken, wir sind spazieren gegangen, und ich wurde erst um zehn nach acht wieder zu Hause abgeliefert. Vater war sehr böse, fand es ungehörig, dass ich zu spät nach Hause kam, ich musste versprechen, in Zukunft schon um zehn vor acht wieder da zu sein. Nächsten Samstag bin ich bei ihm eingeladen. Meine Freundin Jacque zieht mich immer mit Hello auf; ich bin nicht in ihn verliebt, wirklich nicht, aber ich darf ja wohl Freunde haben, niemand findet was dabei.

Vater ist in letzter Zeit viel zu Hause, in der Firma hat er nichts mehr zu suchen, ein scheußliches Gefühl muss das sein, wenn man sich so überflüssig vorkommt. Mijnheer Kleiman hat Opekta übernommen und Mijnheer Kugler Gies & Co., die Gesellschaft für (Ersatz-)Gewürze, die erst 1941 gegründet worden ist. Als wir vor ein paar Tagen zusammen um unseren kleinen Platz schlenderten, fing Vater von Verstecken an, er meinte, dass es sehr schwierig für uns sein wird, völlig abgesondert von der Welt zu leben. Ich fragte ihn, warum er jetzt schon darüber sprach. »Ja, Anne«, sagte er darauf, »du weißt, dass wir schon seit mehr als einem Jahr Kleidungsstücke, Lebensmittel und Möbel zu anderen Leuten bringen, damit unsere Sachen nicht den Deutschen in die Hände fallen, aber noch viel weniger wollen wir selbst geschnappt werden. Wir werden deshalb von uns aus weggehen und nicht warten, bis sie uns abholen.«

»Aber Vater, wann denn?«, ich bekam Angst, weil Vater das mit solchem Ernst gesagt hatte.

»Mach dir darüber keine Sorgen, das regeln wir schon, genieß dein unbeschwertes Leben, solange du es genießen kannst.«

Das war alles. Oh, lass die Erfüllung dieser düsteren Worte noch lange weit weg bleiben.

Deine Anne.

Sonntagmorgen, 5. Juli 1942

Liebe Kitty,

die feierliche Zeugnisausgabe am Freitag in der *Joodse Schouwburg* ist nach Wunsch gelaufen, mein Zeugnis ist gar nicht so schlecht, ich habe ein Mangelhaft, eine Fünf in Algebra, sonst alles Siebenen, zwei Achten und zwei Sechsen. Zu Hause haben sie sich zwar gefreut, aber meine Eltern sind in Sachen

Schulnoten ganz anders als andere Eltern, gute oder schlechte Zeugnisse kümmern sie nicht weiter, sie achten nur darauf, dass ich gesund bin, nicht zu frech und dass ich Spaß habe; wenn diese drei Sachen in Ordnung sind, wird sich alles andere schon finden. Ich bin da völlig anders, ich will nicht schlecht in der Schule sein, ich bin auf Probe in die Oberschule aufgenommen worden, weil ich eigentlich noch in der siebten Klasse der 6. Montessorischule bleiben sollte, aber als alle jüdischen Kinder auf jüdische Schulen mussten, hat Mijnheer Elte mich und Lies Goslar nach einigem Hin und Her auf Probe angenommen. Lies ist auch versetzt worden, aber mit einer schwierigen Wiederholungsprüfung in Geometrie. Arme Lies, sie kann zu Hause nie ordentlich arbeiten; in ihrem Zimmer spielt ihre kleine Schwester den ganzen Tag, ein verwöhntes Baby von fast zwei Jahren. Wenn Gabi ihren Willen nicht kriegt, schreit sie, und wenn sich Lies dann nicht mit ihr beschäftigt, schreit Mevrouw Goslar. Auf diese Weise kann Lies unmöglich richtig arbeiten, da helfen auch die zahlreichen Nachhilfestunden nicht viel, die sie immer wieder bekommt.

Das ist aber auch eine Wirtschaft bei den Goslars; von den fünf Zimmern an der Zuider Amstellaan ist eins vermietet, die Eltern von Mevrouw wohnen im nächsten Aufgang, aber essen auch bei der Familie, dann gibt es noch ein Dienstmädchen, das Baby, Mijnheer, den immer zerstreuten und abwesenden, und Mevrouw, die immer nervöse und gereizte, die wieder in anderen Umständen ist. In diesem Trubel geht Lies mit ihren zwei linken Händen unter.

Meine Schwester Margot hat auch ihr Zeugnis, glänzend wie üblich. Wenn es bei uns cum laude gäbe, wäre sie bestimmt mit Auszeichnung versetzt worden, so ein heller Kopf!

Es klingelt gerade, Hello kommt, ich schließe.

Deine Anne.

Mittwoch, 8. Juli 1942

Liebe Kitty,

zwischen Sonntagmorgen und heute scheint ein Abstand von Jahren zu liegen, es ist so viel passiert, dass es ist, als drehe sich die ganze Welt plötzlich andersrum, aber wie Du merkst, Kitty, lebe ich noch, und das ist die Hauptsache, sagt Vater.

Allerdings, ich lebe noch, aber frag nicht, wo und wie. Ich glaube, heute wirst Du gar nichts kapieren, deshalb erzähle ich Dir erst einmal, was Sonntagnachmittag passiert ist.

Um drei Uhr (Hello war gerade gegangen und wollte später wiederkommen) klingelte jemand an der Tür, ich hatte es nicht gehört, weil ich faul im Liegestuhl auf der Veranda in der Sonne lag und las. Kurz darauf erschien Margot aufgeregt an der Küchentür. »Ein Aufruf von der SS ist für Vater gekommen«, flüsterte sie, »Mutter ist schon zu Mijnheer van Pels gegangen.«

Ich erschrak fürchterlich, ein Aufruf, jeder weiß, was das bedeutet, Konzentrationslager und einsame Zellen sah ich schon im Geist vor mir, und dorthin sollten wir Vater ziehen lassen.

»Er geht natürlich nicht«, erklärte mir Margot, als wir im Wohnzimmer auf Mutter warteten, »Mutter ist bei van Pels, um ihn zu fragen, ob wir morgen in unser Versteck gehen können. Die van Pels werden sich mit uns zusammen verstecken, wir sind dort dann zu siebt.«

Schweigen. Wir konnten nicht mehr sprechen, der Gedanke an Vater, der nichts Böses ahnend einen Besuch im *Joodse Invalide* machte, das Warten auf Mutter, die Hitze, die Anspannung, das alles machte uns stumm.

Plötzlich klingelte es wieder.

»Das ist Hello«, sagte ich.

»Nicht aufmachen«, wollte Margot mich stoppen, aber das war nicht nötig, wir hörten, wie Mutter und Mijnheer van Pels unten mit Hello sprachen, dann kamen sie herein und schlossen die Tür hinter sich.

Bei jedem Klingeln mussten Margot oder ich nun leise nach unten gehen und schauen, ob es Vater war, wir ließen sonst niemanden herein.

Margot und ich wurden aus dem Zimmer geschickt, van Pels wollte mit Mutter allein sprechen. (Van Pels ist ein Bekannter und Kompagnon in Vaters Firma.)

Als Margot und ich in unserem Schlafzimmer saßen, erzählte sie mir, dass der Aufruf nicht für Vater war, sondern für sie. Ich erschrak noch einmal und fing dann an zu weinen. Margot ist sechzehn, so junge Mädchen wollen sie also allein wegschicken, aber zum Glück würde sie nicht gehen, Mutter hatte es ja gesagt, und auch Vater hatte das wohl mit seinen Worten gemeint, als er mit mir über das Verstecken gesprochen hatte.

Verstecken, wo würden wir uns verstecken, in der Stadt, auf dem Land, in einem Haus, in einer Hütte, wann, wie, wo ...?

Das waren viele Fragen, die ich nicht stellen konnte und die doch immer wieder zurückkamen. Margot und ich begannen, das Nötigste in eine Schultasche zu packen, das Erste, was ich hineinlegte, war dieses kartonierte Heft, dann Lockenwickler, Taschentücher, Schulbücher, Kamm, alte Briefe, ich dachte ans Verstecken und stopfte deshalb das unsinnigste Zeug in die Tasche, aber das bereue ich nicht, Erinnerungen bedeuten mir mehr als Kleider.

Um fünf Uhr kam Vater endlich nach Hause, wir riefen Mijnheer Kleiman an und baten ihn, noch am Abend vorbeizukommen. Van Pels ging und holte Miep. Miep kam, nahm ein paar Schuhe, Kleider, Jacken, Unterwäsche und Strümpfe in einer Tasche mit und versprach, am Abend wiederzukommen. Dann war es still in unserer Wohnung; keiner von uns vieren wollte etwas essen, es war noch heiß, und alles war sehr sonderbar.

Unser großes Zimmer oben hatten wir an einen gewissen Mijnheer Goldschmidt vermietet, einen geschiedenen Mann in den Dreißigern, der an diesem Abend scheinbar nichts zu tun hatte, deshalb drückte er sich bis zehn Uhr bei uns herum und war mit guten Worten nicht zum Gehen zu bewegen. Um elf Uhr kamen Miep und Jan Gies, Miep ist seit 1933 in Vaters Firma und eine enge Bekannte geworden, ebenso wie ihr frisch gebackener Ehemann Jan. Wieder verschwanden Schuhe, Strümpfe, Bücher und Unterwäsche in Mieps Tasche und Jans tiefen Jacken- und Hosentaschen; um halb zwölf waren auch die beiden verschwunden.

Ich war hundemüde, und obwohl ich wusste, dass es die letzte Nacht in meinem Bett sein würde, schlief ich sofort ein und wurde erst um halb sechs morgens von Mutter geweckt. Zum Glück war es nicht mehr so heiß wie am Sonntag; den ganzen Tag über fiel ein warmer Regen.

Wir zogen uns alle vier so dick an, als müssten wir in einem Kühlschrank übernachten, und das nur, um noch ein paar Kleidungsstücke mitzunehmen. Kein Jude in unserer Lage hätte es riskiert, mit einem Koffer voller Kleidung das Haus zu verlassen. Ich hatte zwei Hemden, drei Hosen, ein Kleid, darüber Rock, Jacke, Sommermantel, zwei Paar Strümpfe, geschlossene Schuhe, Mütze, Schal und noch viel mehr an, ich bekam schon zu Hause kaum noch Luft, aber danach fragte keiner. Margot packte ihre Schultasche mit Schulbüchern voll, holte ihr Fahrrad aus dem Unterstand und radelte hinter Miep her in eine für mich unbekannte Ferne. Denn wo unser geheimnisvoller Zielort sein würde, wusste ich immer noch nicht.

Um halb acht schlossen auch wir die Tür hinter uns, ich musste nur Abschied nehmen von Moortje, meiner kleinen Katze, die ein gutes Zuhause bei den Nachbarn bekommen würde, wie in dem kurzen Brief stand, der an Mijnheer Goldschmidt adressiert war.

Die abgezogenen Betten, die Frühstückssachen auf dem Tisch, ein Pfund Fleisch für die Katze in der Küche, alles machte den Eindruck, als wären wir Hals über Kopf aufgebrochen. Uns konnte egal sein, welchen Eindruck es machte, wir wollten weg ... nur weg und sicher ankommen, sonst nichts.

Fortsetzung morgen.

Deine Anne.

Donnerstag, 9. Juli 1942

Liebe Kitty,

so gingen wir dann im strömenden Regen, Vater, Mutter und ich, jeder mit einer Schul- oder Einkaufstasche, bis obenhin vollgestopft mit bunt durcheinanderliegenden Sachen. Die Arbeiter, die früh zu ihrer Arbeit gingen, sahen uns mitleidig nach; von ihrem Gesicht war deutlich abzulesen, wie leid es ihnen tat, dass sie uns keinerlei Fahrzeug anbieten konnten, der auffällige gelbe Stern sprach für sich. Erst auf der Straße erfuhr ich von Vater und Mutter nach und nach den gesamten Versteckplan. Schon seit Monaten hatten wir so viel Hausrat und Wäsche wie möglich weggeschafft, und nun waren wir gerade an dem Punkt, dass wir von uns aus am 16. Juli in unser Versteck gehen wollten. Wegen des Aufrufs war der Versteckplan um zehn Tage vorverlegt worden, und wir müssten uns mit weniger gut geordneten Unterkünften zufriedengeben.

Das Versteck selbst würde in Vaters Firmengebäude sein. Das ist für Außenstehende nicht ganz leicht zu begreifen, deshalb werde ich es erklären. Vater hatte nicht viel Personal, Mijnheer Kugler, Kleiman und Miep, außerdem noch Bep Voskuijl, die 23-jährige Stenotypistin, die alle über unser Kommen Bescheid wussten. Im Magazin den Lagermeister Mijnheer Voskuijl, Beps Vater, dem wir nichts gesagt hatten, und zwei Arbeiter.

Das Haus sieht so aus: Zu ebener Erde ist ein großes Magazin, das als Lager benutzt wird, und das ist wieder unterteilt in verschiedene Bereiche wie den Mahlraum, wo Zimt, Nelken und Kunstpfeffer gemahlen werden, den Vorratsraum und den gläsernen Anbau. Neben der Magazintür befindet sich die normale Haustür, die hinter einer Zwischentür Zugang zu einer Treppe gibt. Oben an der Treppe gelangt man zu einer Tür, halb aus Mattglas, auf der einmal in schwarzen Lettern *„Kantoor"* gestanden hat. Das ist das große vordere Büro, sehr groß, sehr hell, sehr voll.

Tagsüber arbeiten dort Bep, Miep und Mijnheer Kleiman, durch einen kleinen Raum mit Tresor, Garderobe und großem Vorratsschrank kommt man in das kleine, muffige, dunkle Direktorenzimmer. Dort saßen früher Mijnheer Kugler und Mijnheer van Pels, jetzt nur noch Ersterer. Man gelangt auch vom Flur aus in Kuglers Büro, aber nur durch eine Glastür, die sich zwar von innen, jedoch nicht ohne Weiteres von außen öffnen lässt. Von Kuglers Büro aus durch den langen, schmalen Flur, am Kohlenverschlag vorbei, vier Stufen hoch, das Prunkstück des ganzen Hauses, das Privatbüro. Vornehme dunkle Möbel, Linoleum und Teppiche, Radio, elegante Lampe, alles tipptopp, daneben eine große, geräumige Küche mit Warmwassergerät und zwei Gasflammen und daneben eine Toilette. Das ist der erste Stock. Vom Flur unten geht eine normale Holztreppe nach oben. Oben ist eine kleine Diele. Rechts und links von dieser Diele ist eine Tür, die linke führt ins Vorderhaus mit Gewürzraum, kleinem Durchgangszimmer, vorderem Zimmer, vorderem Dachboden und vorderem Spitzboden. Im Vorderhaus geht auf der anderen Seite noch eine lange, ungeheuer steile, echte holländische Beinbrech-Treppe zur zweiten Haustür.

Rechts von der Diele liegt »das Hinterhaus«. Kein Mensch würde vermuten, dass sich hinter der einfachen, grau gestrichenen Tür so viele Zimmer verbergen. Vor der Tür ist eine Stufe, und schon ist man drinnen. Direkt gegenüber der Eingangstür eine steile Treppe, links ein kleiner Flur und ein Zimmer, dieses Zimmer soll das Wohnzimmer und Schlafzimmer der Familie Frank werden, daneben noch ein kleineres Zimmer, Schlaf- und Arbeitszimmer der beiden jungen Damen Frank. Rechts von der Treppe ein Zimmer ohne Fenster, mit Waschtisch und separatem kleinen WC-Raum und noch einer Tür zu Margots und meinem Zimmer. Wenn man die Treppe hochgeht und oben die Tür öffnet, staunt man, dass es in so einem alten Grachtenhaus einen so großen, hellen und weiten Raum gibt. In diesem Raum stehen ein Herd (das verdanken wir der Tatsache, dass hier früher Kuglers Labor war) und ein Spülstein. Die Küche also und zugleich Schlafzimmer des Ehepaares van Pels, allgemeines Wohnzimmer, Esszimmer und Arbeitszimmer. Ein winziges Durchgangszimmer wird Peter van Pels' Unterkunft werden. Außerdem wie vorne ein Dachboden und ein Spitzboden. Schau, nun habe ich Dir unser ganzes schönes Hinterhaus vorgestellt!

Deine Anne.

Freitag, 10. Juli 1942

Liebe Kitty,

höchstwahrscheinlich habe ich Dich mit meiner weitschweifigen Hausbeschreibung ganz schön gelangweilt, aber ich finde es trotzdem notwendig, dass Du weißt, wo ich gelandet bin; wie ich gelandet bin, wirst Du schon aus allen folgenden Briefen erfahren.

Jetzt erst einmal die Fortsetzung meiner Geschichte, denn dass ich noch nicht fertig war, weißt du ja. In der Prinsengracht 263 angekommen, führte Miep uns rasch durch den langen Flur und die Holztreppe hinauf direkt nach oben ins Hinterhaus. Sie schloss die Tür hinter uns, und wir waren allein. Margot war mit dem Rad viel schneller gewesen und erwartete uns schon. Unser Wohnzimmer und alle anderen Räume waren so voller Krempel, dass es sich kaum beschreiben lässt, alle Kartons, die im Laufe der vergangenen Monate ins Büro geschickt worden waren, standen auf dem Boden und auf den Betten; das kleine Zimmer war bis unter die Decke voll mit Bettzeug.

Wenn wir am Abend in ordentlich gemachten Betten schlafen wollten, mussten wir sofort loslegen und alles aufräumen. Mutter und Margot konnten keinen Finger rühren, sie lagen auf den kahlen Betten, müde, zerschlagen und was weiß ich noch alles, aber Vater und ich, die beiden Aufräumer in der Familie, wollten gleich anfangen.

Wir packten den ganzen Tag über Kartons aus, sortierten Sachen in Schränke ein, hämmerten und räumten, bis wir abends hundemüde in die frischen Betten fielen. Den ganzen Tag hatten wir nichts Warmes gegessen, aber das störte uns nicht, Mutter und Margot waren zu müde und zu aufgewühlt, um zu essen, Vater und ich hatten zu viel Arbeit. Dienstagmorgen fingen wir da an, wo wir am Montag aufgehört hatten, Bep und Miep erledigten die Einkäufe mit unseren Lebensmittelmarken, Vater verbesserte die unzureichende Verdunkelung, wir schrubbten den Küchenfußboden und waren wieder von morgens bis abends emsig. Zeit zum Nachdenken über die große Veränderung, die in mein Leben getreten war, hatte ich kaum bis Mittwoch; dann fand ich zum ersten Mal seit unserer Ankunft im Hinterhaus Gelegenheit, Dir die Ereignisse mitzuteilen, und gleichzeitig auch, mir wirklich bewusst zu werden, was nun eigentlich mit mir geschehen war und was noch geschehen würde.

Deine Anne.

Samstag, 11. Juli 1942

Liebe Kitty,

Vater, Mutter und Margot können sich immer noch nicht an das Läuten der Westerturm-Glocke gewöhnen, die jede Viertelstunde sagt, wie spät es ist. Ich schon, ich mochte es von Anfang an, und vor allem nachts ist es so etwas Vertrautes. Es wird Dich sicher interessieren, wie es mir im Verborgenen gefällt, nun denn, ich kann Dir nur mitteilen, dass ich das selber noch nicht so genau weiß. Ich glaube, dass ich mich hier nie zu Hause fühlen werde, doch das soll jetzt nicht heißen, dass ich es hier schlimm finde, ich fühle mich eher wie in einer sehr sonderbaren Pension in den Ferien. Schon eine ziemlich verrückte Auffassung von Verstecken, aber es ist nun mal nicht anders. Das Hinterhaus ist als Versteck ideal, obwohl es feucht ist und die Wände verzogen sind, wird es in ganz Amsterdam, ja vielleicht in ganz Holland für Versteckte nichts geben, das so komfortabel eingerichtet ist.

Unser kleines Zimmer war mit den leeren Wänden bis jetzt sehr kahl; dank Vater, der meine gesamte Postkarten- und Filmstarsammlung schon vorher mitgenommen hatte, habe ich die ganze Wand mit Leim eingepinselt und aus dem Zimmer ein einziges Bild gemacht.

So sieht es viel fröhlicher aus, und wenn die van Pels kommen, werden wir mit dem Holz, das auf dem Dachboden lagert, ein paar kleine Hängeschränke und andere nette Dinge machen. Margot und Mutter haben sich wieder ein bisschen erholt, gestern wollte Mutter das erste Mal Erbsensuppe kochen, aber als sie unten ins Plaudern geraten war, vergaß sie die Suppe, die brannte dann so an, dass die Erbsen pechschwarz und nicht mehr vom Topf abzukriegen waren. Mijnheer Kleiman hat mir »Das Buch für die Jugend« mitgebracht. Gestern Abend sind wir zu viert ins Privatbüro gegangen und haben den englischen Sender angestellt, ich hatte so schreckliche Angst, jemand könnte es hören, dass ich Vater buchstäblich anflehte, mit nach oben zu gehen; Mutter hatte dafür Verständnis und ging mit mir. Auch bei anderen Dingen haben wir große Angst, dass die Nachbarn uns hören oder sehen könnten. Gleich am ersten Tag haben wir Vorhänge genäht, dabei kann man eigentlich gar nicht von Vorhängen sprechen, denn es sind nur lose Tücher, völlig unterschiedlich in Form, Qualität und Muster, die Vater und ich sehr unfachmännisch schief aneinandergenäht haben; mit Heftzwecken sind diese Prunkstücke vor den Fenstern befestigt, um bis zum Ende unserer Versteckzeit dort hängen zu bleiben. Rechts neben uns ist eine Filiale der Firma Keg aus Zaandam, links eine Möbeltischlerei, die Leute dort sind nach der Arbeitszeit nicht in den Häusern, aber trotzdem könnten Geräusche nach außen dringen. Wir haben Margot deshalb auch verboten, nachts zu husten, obwohl sie sich eine schwere Erkältung eingefangen hat, und sie muss große Mengen Codein schlucken.

Ich freue mich sehr auf die Ankunft der van Pels, die auf Dienstag festgelegt wurde; es wird viel geselliger und auch weniger still sein. Die Stille ist es nämlich, die mich abends und nachts so nervös macht, und ich würde viel darum geben, wenn jemand von unseren Beschützern hier schlafen würde.

Gestern hatten wir viel zu tun, wir mussten zwei Körbe Kirschen entsteinen fürs Büro, Mijnheer Kugler wollte sie einkochen. Aus den Kirschenkisten machen wir kleine Bücherregale.

Tagsüber müssen wir immer ganz leise gehen und leise reden, denn im Magazin dürfen sie uns nicht hören.

Jemand ruft gerade nach mir.

Deine Anne.

Freitag, 14. August 1942

Liebe Kitty,

einen Monat lang habe ich Dich im Stich gelassen, aber so viele Neuigkeiten, um Dir jeden Tag etwas Nettes berichten zu können, gibt es wirklich nicht.

Die van Pels sind am 13. Juli gekommen. Wir dachten, es würde am 14. sein, doch da die Deutschen zwischen dem 13. und 16. Juli bereits immer mehr Menschen in Unruhe versetzten und Aufrufe in alle Richtungen schickten, hielten sie es für sicherer, lieber einen Tag zu früh als einen Tag zu spät aufzubrechen. Morgens um halb zehn (wir saßen noch beim Frühstück) kam Peter, ihr Sohn von noch nicht sechzehn Jahren, ein ziemlich langweiliger und schüchterner Schlaks, von dessen Gesellschaft nicht viel zu erwarten ist. Mevrouw und Mijnheer kamen eine halbe Stunde später; Mevrouw hatte zu unserer großen Belustigung in ihrer Hutschachtel einen großen Nachttopf. »Ohne Nachttopf fühle ich mich nirgends zu Hause«, erklärte sie, und der Topf war dann auch das Erste, was einen festen Platz unter der Bettcouch bekam. Mijnheer brachte keinen Nachttopf mit, trug aber seinen klappbaren Teetisch unterm Arm. Wir aßen am ersten Tag unseres Zusammenlebens gemütlich miteinander, und nach drei Tagen hatten wir alle sieben das Gefühl, eine große Familie zu sein. Selbstverständlich hatten die van Pels noch viel zu berichten über die Woche, die sie länger als wir in der Außenwelt verbracht hatten. Unter anderem interessierte uns sehr, was mit unserer Wohnung und Mijnheer Goldschmidt passiert war.

Mijnheer van Pels erzählte:

»Montagmorgen um neun Uhr rief Mijnheer Goldschmidt bei uns an und fragte, ob ich kurz vorbeikommen könnte. Ich machte mich sofort auf den Weg und traf Goldschmidt in heller Aufregung an. Er zeigte mir einen Zettel, den die Familie Frank zurückgelassen hatte, und wollte, wie es dort stand, die Katze zu den Nachbarn bringen, was ich für eine sehr gute Idee hielt. Mijnheer Goldschmidt hatte Angst, dass es eine Hausdurchsuchung geben würde, deshalb gingen wir durch alle Zimmer, räumten ein bisschen auf und deckten den Tisch ab.

Plötzlich entdeckte ich auf dem Schreibtisch von Mevrouw Frank einen Block, auf dem eine Adresse in Maastricht notiert war. Obwohl ich wusste, dass sie die Notiz absichtlich zurückgelassen hatte, tat ich ganz erstaunt und erschrocken und bat Mijnheer Goldschmidt inständig, den Unglückszettel zu verbrennen.

Ich behauptete die ganze Zeit steif und fest, dass ich nichts von Ihrem Verschwinden wüsste, aber nachdem ich den Zettel gesehen hatte, kam ich auf eine gute Idee. ›Mijnheer Goldschmidt‹, sagte ich, ›jetzt fällt mir auf einmal ein, was es mit der Adresse auf sich haben könnte. Ich erinnere mich sehr gut, dass vor etwa einem halben Jahr ein hoher Offizier im Büro war, wie sich herausstellte, ein guter Bekannter aus der Jugendzeit von Mijnheer Frank, der ihm versprach, im Notfall zu helfen, und der auch tatsächlich in Maastricht stationiert war. Ich vermute, dass dieser Offizier Wort gehalten und Mijnheer Frank auf die eine oder andere Weise nach Belgien und von dort aus in die Schweiz mitgenommen hat. Sagen Sie das auch ruhig Bekannten, die vielleicht nach Frank fragen, Maastricht brauchen Sie natürlich nicht zu erwähnen.‹

Und dann ging ich. Die meisten Bekannten wissen das jetzt schon, von mehreren Seiten habe ich wiederum diese Erklärung gehört.«

Wir fanden die Geschichte sehr lustig, lachten aber noch mehr über die Fantasie der Leute, als Mijnheer van Pels von anderen Bekannten berichtete.

So hatte eine Familie vom Merwedeplein uns alle vier morgens früh vorbeiradeln sehen, und eine andere Frau war sich absolut sicher, dass wir mitten in der Nacht in ein Militärauto geladen worden waren.

Deine Anne.

Freitag, 21. August 1942

Liebe Kitty,

unser Versteck ist erst jetzt ein richtiges Versteck geworden. Mijnheer Kugler fand es nämlich besser, vor unsere Zugangstür einen Schrank zu stellen (weil oft Hausdurchsuchungen nach versteckten Fahrrädern stattfinden), aber dann natürlich einen Schrank, der sich drehen lässt und wie eine Tür aufgeht.

Mijnheer Voskuijl hat das Ding getischlert; vorher mussten die Wände in der kleinen Diele tapeziert werden. (Wir haben Mijnheer Voskuijl über die sieben Versteckten informiert, er ist die Hilfsbereitschaft in Person.) Wenn wir jetzt nach unten wollen, müssen wir uns erst bücken und dann springen. Nach drei Tagen liefen wir alle mit Beulen auf der Stirn herum, weil wir uns an der niedrigen Tür den Kopf gestoßen hatten. Peter hat es dann so weich wie möglich gepolstert, indem er ein Tuch mit Holzwolle davorgenagelt hat. Bin gespannt, ob es hilft! Lernen tue ich nicht viel, bis September habe ich mir selber schulfrei gegeben. Vater will mir danach Unterricht geben, aber erst müssen wir alle Schulbücher neu kaufen.

Miep und Jan waren bei Goldschmidt, um noch ein paar Kleidungsstücke von uns zu holen, doch alle Schränke waren leer. Goldschmidt sagte, es sei ihm unbegreiflich, wie wir in der letzten Zeit gegessen hätten, nur noch ein einziger Teller und eine Tasse seien im Haus gewesen. Ist das nicht schlimm? Was er mit unseren Sachen gemacht hat, weiß der Kuckuck, aber es ist niederträchtig, Miep alles vorzuenthalten. Er macht das ja nicht, weil er unsere Sachen nicht in fremde Hände geben will, denn er kennt Miep sehr gut. Wir waren arg empört, können aber nichts mehr daran ändern.

Draußen ist schönes warmes Wetter, und das nutzen wir trotz allem so oft wie möglich, indem wir uns auf dem Dachboden auf das Ziehharmonika-Bett legen.

Peter finde ich immer noch nicht sympathischer, er ist ein langweiliger Junge, faulenzt den ganzen Tag auf seinem Bett, schreinert ein bisschen und döst dann wieder. Was für ein Hohlkopf!

Deine Anne.

Mittwoch, 2. September 1942

Liebe Kitty,

Mijnheer und Mevrouw van Pels haben sich schlimm gestritten, so was habe ich noch nie erlebt, Vater und Mutter würden nicht daran denken, sich derart anzuschreien. Der Anlass war so läppisch, dass es gar nicht der Mühe wert gewesen wäre, auch nur ein Wort daran zu verschwenden, aber nun ja, jeder wie er mag.

Es ist natürlich sehr unangenehm für Peter, er steckt ja dazwischen, aber Peter wird von niemandem mehr ernst genommen, weil er furchtbar wehleidig und faul ist. Gestern war er zutiefst beunruhigt, weil seine Zunge auf einmal blau war statt rot; dieses seltsame Phänomen verschwand allerdings genauso schnell, wie es gekommen war. Heute trägt er einen dicken Schal um den Hals, weil der steif ist, außerdem klagt Mijnheer über einen Hexenschuss. Schmerzen zwischen Herz, Nieren und Lunge sind ihm auch nichts Unbekanntes; er ist ein echter Hypochonder! (So nennt man das doch, oder?)

Mutter und Mevrouw van Pels kommen nicht so gut miteinander aus, Anlässe für Zwistigkeiten gibt es reichlich; um ein kleines Beispiel zu nennen, berichte ich Dir, dass Mevrouw aus dem gemeinsamen Wäscheschrank alle ihre Laken bis auf drei

Stück rausgenommen hat, sie denkt natürlich, dass Mutters Sachen für die ganze Familie benutzt werden können. Das wird bestimmt eine herbe Enttäuschung, wenn sie merkt, dass Mutter dem guten Beispiel gefolgt ist. Außerdem wurmt es Mevrouw mächtig, dass unser Geschirr nicht in Gebrauch ist, ihres aber schon. Sie versucht ständig dahinterzukommen, wohin wir wohl unsere Teller geschafft haben; die sind näher, als sie glaubt, denn sie stehen auf dem Dachboden in Kartons hinter einer Menge Reklamematerial von Opekta. Solange wir uns verstecken, sind die Teller unerreichbar, und das ist auch gut so!

Mir passieren laufend Missgeschicke, gestern habe ich einen Suppenteller von Mevrouws Service zerdeppert. »Oh«, rief sie wütend, »sei doch einmal vorsichtig, das ist das <u>eine</u>, was ich noch habe.«

Behalte bitte im Hinterkopf, Kitty, dass die beiden Damen hier ein erbärmliches Niederländisch sprechen (über die Herren wage ich nichts zu sagen, die wären sehr beleidigt), wenn Du die Stümperei einmal hören könntest, würdest Du schallend lachen; wir achten schon gar nicht mehr darauf, Verbessern ist ohnehin zwecklos. Wenn ich über Mutter oder Mevrouw van Pels schreibe, werde ich das Kauderwelsch nicht im Originalton wiedergeben, sondern in anständigem Niederländisch.

Letzte Woche hatten wir eine kleine Unterbrechung in unserem so eintönigen Leben, Anlass war ein Buch über Frauen und Peter. Du musst nämlich wissen, dass Margot und Peter fast alle Bücher, die Mijnheer Kleiman uns leiht, lesen dürfen, bloß dieses besondere Buch über ein Frauenthema behielten die Erwachsenen dann doch lieber für sich. Das stachelte Peters Neugier sofort an. Was stand wohl in dem Buch an Verbotenem? Sobald seine Mutter unten plauderte, nahm er es heimlich an sich und ging mit seiner Beute auf den Spitzboden; das ging zwei Tage lang gut, Mevrouw van Pels wusste längst, was er machte, verriet aber nichts, bis Mijnheer dahinterkam. Der wurde wütend, nahm Peter das Buch weg und glaubte, die Sache habe sich damit erledigt. Er hatte jedoch die Neugier seines Sohns unterschätzt, der sich durch Papas resolutes Eingreifen nicht im Geringsten einschüchtern ließ.

Peter sann nach Möglichkeiten, dieses mehr als interessante Buch trotzdem zu Ende zu lesen. Mevrouw hatte sich inzwischen bei Mutter erkundigt, wie sie über die Frage dachte. Mutter fand dieses Buch unpassend für Margot, aber gegen die meisten anderen hatte sie nichts einzuwenden. »Es gibt einen großen Unterschied, Mevrouw van Pels«, sagte Mutter, »zwischen Margot und Peter, erstens ist Margot ein Mädchen, und Mädchen sind immer reifer als Jungen, zweitens hat Margot schon mehr ernsthafte Bücher gelesen und sucht nicht nach Dingen, die für sie nicht mehr verboten sind, und drittens ist Margot viel gebildeter und vernünftiger, was ihre vier Jahre in der höheren Schule mit sich bringen.« Mevrouw stimmte zu, fand es jedoch grundsätzlich falsch, jüngere Kinder Erwachsenenbücher lesen zu lassen.

Unterdessen hatte Peter eine günstige Zeit gefunden, in der niemand das Buch und ihn beachtete. Abends um halb acht, wenn die ganze Familie im Privatbüro Radio hörte, nahm er seinen Schatz wieder mit auf den Spitzboden. Um halb neun hätte er wieder unten sein müssen, aber weil das Buch so spannend war, vergaß er die Zeit und kam gerade die Dachtreppe herunter, als sein Vater ins Zimmer trat. Was folgte, kann man sich denken, ein Klaps, ein Schlag, ein Ruck, das Buch lag auf dem Tisch, und Peter hockte wieder auf dem Spitzboden. So standen die Dinge, als die Familie zum Essen kam. Peter blieb oben, keiner scherte sich um ihn, er musste ohne Essen ins Bett. Munter schwatzend setzten wir unsere Mahlzeit fort, als plötzlich ein durchdringendes Pfeifen zu hören war, jeder von uns legte die Gabel hin und sah die anderen mit bleichem und erschrockenem Gesicht an. Dann hörten wir Peters Stimme, er rief durch das Ofenrohr: »Und ich komme doch nicht runter!«

Mijnheer van Pels sprang auf, die Serviette fiel zu Boden, mit feuerrotem Gesicht brüllte er: »Jetzt reicht's aber.« Vater griff seinen Arm, weil er Schlimmes befürchtete, und die beiden Männer gingen zusammen auf den Dachboden; nach vielem Sträuben und Umsichtreten landete Peter in seinem Zimmer, die Tür ging zu, und wir aßen weiter. Mevrouw wollte ein Butterbrot für Sohnemann liegen lassen, Mijnheer war unerbittlich: »Wenn er sich nicht auf der Stelle entschuldigt, muss er auf dem Spitzboden schlafen.« Wir protestierten und fanden kein Abendbrot schon Strafe genug, Peter könnte sich auch erkälten, und dann könnten wir keinen Arzt rufen.

Peter entschuldigte sich nicht, er war schon wieder auf dem Spitzboden, van Pels kümmerte sich nicht mehr darum, bemerkte aber am nächsten Morgen, dass Peters Bett benutzt worden war, um sieben Uhr hockte Peter schon wieder auf dem Dachboden, ließ sich dann aber durch Vaters freundschaftliche Worte dazu bewegen, nach unten zu kommen. Drei Tage grimmige Mienen, hartnäckiges Schweigen, und alles ging wieder seinen gewohnten Gang.

Deine Anne.

Montag, 21. September 1942

Liebe Kitty,

heute werde ich Dir kurz die allgemeinen Neuigkeiten aus dem Hinterhaus mitteilen. Über meiner Bettcouch ist eine kleine Lampe angebracht worden, sodass ich eventuell an einer Schnur ziehen kann, wenn geschossen wird. Im Augenblick ist das jedoch nicht möglich, da unser Fenster Tag und Nacht einen Spalt offen steht.

Die männliche Van-Pels-Abteilung hat einen sehr komfortablen, gebeizten Vorratsschrank geschreinert mit richtigem Fliegengitter. Das glorreiche Ding stand bisher in Peters Zimmer, wurde aber zwecks größerer Frische auf den Dachboden gestellt.

Mevrouw van Pels ist unausstehlich. Ich kriege von oben andauernd Rüffel für mein ständiges Gequatsche. Aber ich pfeife auf das, was sie sagen! Ab und zu erreichen uns Nachrichten über die anderen Juden, leider ergeht es ihnen schlecht. Unter anderem weiß ich, dass ein Mädchen aus meiner Klasse mit ihrer Familie abgeholt worden ist.

Mijnheer Kleiman bringt mir jede Woche ein paar Mädchenbücher mit, ich bin begeistert von der Reihe über Joop ter Heul. Die ganze Cissy van Marxveldt gefällt mir insgesamt sehr gut, »Eine Sommerkapriole« habe ich schon viermal gelesen, und ich muss immer noch über die witzigen Situationen lachen.

Das Lernen hat angefangen, ich tue viel für Französisch und büffele jeden Tag fünf unregelmäßige Verben, Peter hat sich stöhnend an seine Englischaufgaben gemacht. Ein paar Schulbücher sind gerade angekommen, einen mehr als reichlichen Vorrat an Heften, Bleistiften, Radiergummis und Etiketten habe ich von zu Hause mitgenommen. Ich höre manchmal *Radio Oranje*, kürzlich sprach Prinz Bernhard, um den Januar herum werden sie ein Baby bekommen, hat er erzählt. Ich freue mich darüber, hier verstehen sie nicht, dass ich so für das Königshaus bin.

Vor ein paar Abenden unterhielten wir uns darüber, dass ich doch noch sehr dumm bin, und das hatte zur Folge, dass ich am nächsten Tag gleich losgelegt und hart gearbeitet habe, ich habe wirklich keine Lust, mit vierzehn oder fünfzehn immer noch in der ersten Klasse der Oberschule zu sitzen.

Dabei kam auch zur Sprache, dass ich fast nichts lesen darf; Mutter hat im Moment »Herren, Knechte, Frauen«, das darf ich natürlich nicht haben (Margot schon!), ich muss erst noch etwas gebildeter sein, so wie meine begabte Schwester. Dann sprachen wir über meine Unwissenheit in Sachen Philosophie, Psychologie und Physiologie, wovon ich tatsächlich keine Ahnung habe, vielleicht bin ich nächstes Jahr klüger! (Diese schwierigen Wörter habe ich rasch im *Koenen* nachgeschlagen!)

Ich bin zu der erschreckenden Erkenntnis gelangt, dass ich nur ein einziges Kleid mit langen Ärmeln und drei Jäckchen für den Winter habe; Vater hat mir erlaubt, einen Pullover aus weißer Schafwolle zu stricken, die Wolle ist allerdings nicht besonders schön, die Wärme wird das wettmachen müssen. Wir haben noch Kleidungsstücke bei anderen Leuten, unter anderem bei Broks, die können wir leider erst nach dem Krieg holen, falls sie dann noch da sind.

Als ich Dir vorhin etwas über Mevrouw geschrieben habe, kam sie gerade rein, flapp, Buch zu. »Ach, Anne, darf ich nicht mal gucken?«

»Nein, Mevrouw.«

»Wenigstens auf die letzte Seite?«

»Nein, auch nicht, Mevrouw.«

Natürlich bekam ich einen mächtigen Schreck, denn auf dieser Seite hatte ich sie als nicht gerade sympathisch hingestellt.

Deine Anne.

Freitag, 25. September 1942

Liebe Kitty,

Vater hat einen alten Bekannten, Mijnheer Dreher, ein Mann von Mitte siebzig, sehr schwerhörig, krank und arm, und an dessen Seite als lästigen Anhang eine Frau, 27 Jahre jünger, auch arm, mit Armen und Beinen voller echter und unechter Armreifen und Ringe, die noch aus den früheren goldenen Zeiten übrig geblieben sind. Dieser Mijnheer Dreher ist Vater schon sehr zur Last gefallen, und ich habe ihn immer bewundert für die

Engelsgeduld, mit der er dem bedauernswerten Mann am Telefon zuhörte. Mutter hat Vater, als wir noch zu Hause waren, immer geraten, ein Grammofon vors Telefon zu stellen, ein Grammofon, das alle drei Minuten »Ja, Mijnheer Dreher ... Nein, Mijnheer Dreher« abspielt, denn der alte Mann verstand Vaters ausführliche Antworten sowieso nicht. Heute hat Mijnheer Dreher im Büro angerufen und Mijnheer Kugler gefragt, ob er nicht kurz bei ihm vorbeischauen könne, Mijnheer Kugler hatte keine Lust und hat gesagt, er würde Miep schicken. Miep hat telefonisch abgesagt. Mevrouw Dreher hat danach dreimal angerufen, aber da Miep angeblich den ganzen Nachmittag nicht da war, musste sie am Telefon Beps Stimme nachmachen. Unten (im Büro) und auch oben haben alle schrecklich gelacht, und jedes Mal, wenn nun das Telefon klingelt, sagt Bep: »Das ist Mevrouw Dreher!« Was zur Folge hat, dass Miep schon vorher lachen muss und die Anrufer sehr unhöflich, kichernd abfertigt. Tja, das ist schon was, eine so tolle Firma wie unsere gibt's auf der ganzen Welt kein zweites Mal, die Direktoren und die Büromädchen haben zusammen den größten Spaß!

Ich gehe abends manchmal zu den van Pels, um ein bisschen zu quatschen. Dann essen wir einen Mottenkeks mit Sirup (die Keksdose stand in einem Kleiderschrank, in dem alles eingemottet war) und amüsieren uns. Neulich ging es im Gespräch um Peter. Ich habe ihnen erzählt, dass Peter mir so oft über die Wange streicht und dass mir das nicht passt. Sie haben echt nach Elternart gefragt, ob ich Peter denn nicht mögen könnte, weil er mich sicher gerne mag, ich dachte »ach je« und sagte »ach ne«; stell Dir das mal vor!

Pim (das ist Vaters Rufname) erhebt Anspruch auf Niederländischunterricht, ich habe es ihm schon seit Langem zugesagt, als Gegenleistung für seine Hilfe bei Französisch und anderen Fächern. Aber er leistet sich Schnitzer, die sind unglaublich, einer davon war „der Frosch klatscht mit den Augen“ statt „die Wellen klatschten gegen die Mole“, der reinste Germanismus.

Ich muss sagen, dass die Versteckkommission Hinterhaus (Abteilung Herren) sehr erfinderisch ist. Hör mal zu, was sie sich jetzt wieder ausgedacht haben, um Mijnheer Broks, Vertreter der Opekta-Gesellschaft, Bekannter und heimlicher Sachen-Aufbewahrer, eine Nachricht von uns zukommen zu lassen! Sie tippen einen Brief an einen Ladenbesitzer und indirekten Kunden von Opekta Zeeuws-Vlaanderen, und zwar so, dass der Mann einen beiliegenden Zettel als Antwort ausfüllen und in dem beigefügten Umschlag zurücksenden muss. Auf diesen Umschlag schreibt Vater die Adresse. Wenn der Umschlag aus Zeeland zurückkommt, wird der Zettel rausgenommen und ein mit der Hand geschriebenes Lebenszeichen von Vater hineingesteckt. So kann Broks es lesen, ohne argwöhnisch zu werden. Zeeland haben sie ausgewählt, weil das nah an Belgien liegt und die Nachricht deshalb leicht über die Grenze geschmuggelt worden sein könnte und weil niemand ohne Sondergenehmigung dorthin darf. Ein normaler Vertreter wie Broks wird diese Genehmigung sicher nicht bekommen.

Deine Anne.

Sonntag, 27. September 1942

Liebe Kitty,

Streit mit Mutter gehabt, zum zigsten Mal in letzter Zeit, es läuft zwischen uns leider nicht besonders gut, auch mit Margot komme ich nicht gut aus. Obwohl es in unserer Familie nie zu so einem Ausbruch kommt wie oben, ist es für mich keineswegs immer angenehm. Margots und Mutters Wesen sind mir so fremd, ich verstehe meine Freundinnen besser als meine eigene Mutter, wirklich schade!

Wir unterhalten uns oft über Nachkriegsprobleme, so zum Beispiel, dass man nicht geringschätzig von »Dienstmädchen« sprechen soll, das Wort fand ich weniger schlimm als den Unterschied zwischen *Mevrouw* und *Juffrouw* bei verheirateten Frauen.

Mevrouw ist wie so oft eingeschnappt, sie ist furchtbar launisch und schließt immer mehr von ihren Privatsachen weg. Schade, dass Mutter nicht jeden Van-Pels-Schwund mit einem Frank-Schwund quittiert.

Manche Leute scheinen ein besonderes Vergnügen daran zu finden, nicht nur ihre eigenen, sondern auch die Kinder ihrer Bekannten mit zu erziehen, so auch die van Pels. An Margot ist nichts zu erziehen, die ist von Natur aus die Güte, Liebenswürdigkeit und Intelligenz in Person, aber ich schleppe ihren Teil an Ungezogenheit in reichlichem Maß mit mir herum. Mehr als einmal schwirren am Tisch die tadelnden Worte und frechen Antworten hin und her. Vater und Mutter verteidigen mich jedes Mal glühend, ohne sie könnte ich den Kampf nicht immer wieder so unerschütterlich aufnehmen. Obwohl sie mir ständig einschärfen, dass ich weniger reden, mich in nichts einmischen und bescheidener sein soll, misslingt mir das öfter, als es gelingt, und wenn Vater nicht immer wieder so geduldig wäre, hätte ich längst die Hoffnung aufgegeben, irgendwann noch einmal die elterlichen Ansprüche zu erfüllen, die ja wirklich nicht hoch sind.

Wenn ich von einem Gemüse, das ich überhaupt nicht mag, wenig nehme und stattdessen Kartoffeln esse, kommen van Pels und vor allem Mevrouw über diese Verwöhntheit nicht hinweg.

»Komm, Anne, nimm noch was von dem Gemüse«, folgt dann bald.

»Nein danke, Mevrouw«, antworte ich, »mir genügen Kartoffeln.«

»Gemüse ist sehr gesund, deine Mutter sagt das auch immer, nimm noch was«, drängt sie dann, bis sich Vater einmischt und meine Weigerung bekräftigt.

Dann wettert Mevrouw los: »Dann hätten Sie mal bei uns zu Hause sein sollen, dort wurden die Kinder immerhin erzogen, das hier ist keine Erziehung, Anne ist schrecklich verwöhnt, ich würde das nie erlauben, wenn Anne meine Tochter wäre ...«

Damit beginnt und endet jedes Mal der ganze Redeschwall: »Wenn Anne meine Tochter wäre«, na, zum Glück bin ich das nicht.

Aber um auf unser Erziehungsthema zurückzukommen, gestern setzte nach Mevrouws letzten vielsagenden Worten Schweigen ein. Dann erwiderte Vater: »Ich finde, Anne ist sehr gut erzogen; sie hat doch immerhin schon so viel gelernt, dass sie auf Ihre langen Predigten nichts mehr erwidert. Und was das Gemüse angeht, kann ich Ihnen nichts anderes antworten als vice versa.« Mevrouw war besiegt, und zwar gründlich, das vice versa bezog sich natürlich auf ihre eigene winzige Portion. Mevrouw begründet ihre Verwöhntheit damit, dass zu viel Gemüse vor dem Schlafengehen schädlich sei für ihre Verdauung. Dann soll sie über mich mal schön den Mund halten. Es ist so ulkig zu sehen, wie schnell Mevrouw van Pels rot wird, ich nicht, ätsch!, und darüber ärgert sie sich insgeheim mächtig!

Deine Anne.

Montag, 28. September 1942

Liebe Kitty,

mein Brief von gestern war noch längst nicht fertig, als ich mit dem Schreiben aufhören musste. Die Lust, Dir von einem weiteren Streit zu berichten, kann ich nicht unterdrücken, doch bevor ich damit anfange, noch das hier:

Ich finde es wirklich verrückt, dass sich Erwachsene so schnell, so oft und wegen aller möglichen Kleinigkeiten streiten; bis jetzt dachte ich immer, sich zu zanken wäre eine Kinderangewohnheit, die später irgendwann verschwindet. Natürlich gibt es manchmal einen Grund für einen »richtigen« Streit, doch die Wortgeplänkel hier sind nichts anderes als Gezänk. Da diese Zänkereien zur Tagesordnung gehören, müsste ich mich eigentlich schon daran gewöhnt haben; das ist aber nicht der Fall, und daran wird sich nichts ändern, solange ich selber bei fast jeder Diskussion (dieses Wort wird hier statt Streit benutzt, völlig falsch natürlich, aber Deutsche wissen es nicht besser!) aufs Tapet komme. Kein einziges gutes Haar lassen sie an mir, mein Verhalten, mein Charakter, meine Manieren werden Stück für Stück von vorn bis hinten und von hinten bis vorn durchgehechelt und betratscht, und etwas, was ich überhaupt nicht gewohnt war, nämlich harte Worte und Gebrüll an meine Adresse soll ich laut zuständiger Instanz frohgemut schlucken. Das kann ich nicht! Ich denke gar nicht dran, die ganzen Beleidigungen auf mir sitzen zu lassen, ich werde ihnen schon zeigen, dass Anne Frank nicht von gestern ist, die werden sich noch wundern und bald ihre große Klappe halten, wenn ich ihnen klarmache, dass sie nicht mich, sondern erst mal sich selbst erziehen müssen. Was ist das überhaupt für eine Art! Einfach barbarisch! Bis jetzt bin ich jedes Mal wieder platt über so viel Rüpelhaftigkeit und vor allem ... Dummheit (Mevrouw van Pels!), aber sobald ich mich daran gewöhnt haben werde, und bis dahin dauert es wohl nicht mehr lange, werde ich ihnen ihre Worte unverblümt zurückgeben, danach reden sie bestimmt anders! Bin ich denn wirklich so ungehobelt, vorlaut, dickköpfig, unbescheiden, dumm, faul usw. usw., wie sie oben meinen? Ach von wegen, ich weiß sehr gut, dass ich viele Fehler und Schwächen habe, doch sie übertreiben einfach maßlos!

Wenn Du wüsstest, Kitty, wie ich manchmal koche bei dieser Flut von Beschimpfungen, es wird wirklich nicht mehr lange dauern, bis meine angestaute Wut zum Ausbruch kommt.

Doch nun genug davon, ich hab Dich lange genug mit meinen Streitigkeiten gelangweilt, und trotzdem kann ich es nicht lassen, hier noch eine hochinteressante Tischdiskussion wiederzugeben: Über irgendein Thema kamen wir auf Pims übergroße Bescheidenheit. Diese Bescheidenheit ist eine erwiesene Tatsache, an der auch die idiotischsten Leute nicht rütteln können. Plötzlich sagte Mevrouw, die nun mal jedes Gespräch auf sich beziehen muss: »Ich bin auch sehr bescheiden, viel bescheidener als mein Mann!«

Hat man da noch Worte! Dieser Satz zeigt ja wohl sehr deutlich, wie bescheiden sie ist! Mijnheer van Pels, der es für notwendig hielt, dieses: »als mein Mann« näher zu erklären, erwiderte darauf sehr ruhig: »Ich will auch gar nicht bescheiden sein, ich habe im Leben immer die Erfahrung gemacht, dass unbescheidene Menschen es viel weiter bringen als bescheidene!« Und dann, an mich gewandt: »Sei besser nicht bescheiden, Anne, damit kommst du wirklich nicht weiter«; dieser Auffassung pflichtete auch Mutter voll und ganz bei.

Aber Mevrouw van Pels musste wie gewöhnlich auch zu diesem Erziehungsthema ihren Senf dazugeben, diesmal wandte sie sich jedoch nicht direkt an mich, sondern an meine Eltern, mit den Worten: »Sie haben ja eine seltsame Lebensauffassung, wenn Sie so etwas zu Anne sagen, in meiner Jugendzeit war das aber anders, ach was, das ist bestimmt auch heute noch anders, nur nicht in Ihrer modernen Familie!« Letzteres zielte auf Mutters öfter verteidigte moderne Erziehungsmethode.

Mevrouw war feuerrot vor Aufregung, Mutter dagegen gar nicht, und jemand, der rot anläuft, regt sich durch das Warmwerden immer mehr auf und unterliegt schnell der Gegenseite.

Die nicht errötende Mutter, die der ganzen Sache jetzt so schnell wie möglich ein Ende setzen wollte, dachte kurz nach, bevor sie erwiderte: »Mevrouw van Pels, auch ich meine tatsächlich, dass es viel besser ist, im Leben nicht allzu bescheiden zu sein. Mein Mann, Margot und Peter sind alle drei außerordentlich bescheiden; Ihr Mann, Anne, Sie und ich sind nicht bescheiden, aber wir lassen uns auch nicht bei allem beiseiteschieben.«

Mevrouw: »Oh, aber ich verstehe Sie nicht, Mevrouw, ich bin wirklich außerordentlich bescheiden, wie kommen Sie dazu, mich unbescheiden zu nennen?«

Mutter: »Sie sind gewiss nicht unbescheiden, aber niemand würde Sie für ausgesprochen bescheiden halten.«

Mevrouw: »Ich wüsste wirklich mal gern, bei was ich unbescheiden bin! Wenn ich hier nicht für mich sorgen würde, täte es bestimmt niemand anders, also müsste ich dann verhungern, aber deshalb bin ich doch genauso bescheiden wie Ihr Mann.«

Mutter konnte über diese lächerliche Selbstverteidigung nur lachen, das fuchste Mevrouw, die ihren famosen Vortrag noch mit einer langen Reihe prachtvoller deutsch-niederländischer und niederländisch-deutscher Worte fortsetzte, bis sich die geborene Rednerin so in ihren eigenen Sätzen verhedderte, dass sie schließlich vom Stuhl aufstand und das Zimmer verlassen wollte, als ihr Blick auf mich fiel. Das hättest Du jetzt mal sehen müssen, dummerweise hatte ich gerade in dem Moment, als sie uns den Rücken zuwandte, mitleidig und ironisch den Kopf geschüttelt, nicht mit Absicht, sondern unwillkürlich, so intensiv hatte ich den ganzen Wortschwall verfolgt, Mevrouw kehrte zurück und fing an zu keifen, laut, deutsch, gemein und unzivilisiert, so wie ein dickes, rotes Fischweib, der Anblick war zum Schießen. Wenn ich zeichnen könnte, hätte ich sie am liebsten in dieser Haltung gezeichnet, so urkomisch war diese kleine, irre, dumme Person!

Aber eines weiß ich jetzt, und zwar: Man lernt die Menschen erst wirklich kennen, wenn man sich einmal richtig mit ihnen gestritten hat, erst dann kann man ihren Charakter beurteilen!

Deine Anne.

Dienstag 29. September 1942

Liebe Kitty,

Versteckte erleben merkwürdige Dinge! Stell Dir vor, weil wir keine Badewanne haben, waschen wir uns in einem Waschzuber, und weil nur das Büro (damit meine ich immer die ganze untere Etage) warmes Wasser hat, machen wir uns alle sieben abwechselnd diesen großen Vorteil zunutze. Aber weil wir alle sieben auch so sehr unterschiedlich sind und das Problem der Genierlichkeit manchen mehr zu schaffen macht und anderen weniger, hat sich jedes Familienmitglied einen eigenen Badeplatz ausgesucht. Peter badet in der Küche, obwohl die Küche eine Glastür hat. Wenn er vorhat, ein Bad zu nehmen, kommt er zu jedem Einzelnen von uns und teilt uns mit, dass wir eine halbe Stunde lang nicht an der Küche vorbeigehen dürfen. Diese Vorsorge reicht ihm dann. Mijnheer badet oben, für ihn wiegt die Sicherheit des eigenen Zimmers die Unbequemlichkeit auf, das heiße Wasser die ganzen Treppen hochzutragen. Mevrouw nimmt vorläufig überhaupt kein Bad und wartet noch ab, welcher Ort der beste ist. Vater badet im Privatbüro, Mutter in der Küche hinter einem Ofenschirm, Margot und ich haben uns das vordere Büro als Planschplatz ausgesucht. Am Samstagnachmittag ziehen wir dort die Vorhänge zu, wir säubern uns im Dunkeln, und diejenige, die nicht an der Reihe ist, schaut durch einen Vorhangspalt aus dem Fenster und staunt über die ulkigen Menschen. Seit letzter Woche gefällt mir dieses Bad nicht mehr, und ich habe mich auf die Suche nach einer bequemeren Lösung gemacht. Peter war es, der mich auf die Idee brachte, meine kleine

Wanne in die geräumige Bürotoilette zu stellen. Dort kann ich mich hinsetzen, Licht anmachen, die Tür abschließen, das Wasser selber ohne fremde Hilfe weggießen, und es ist geschützt vor indiskreten Blicken. Am Sonntag habe ich mein schönes Badezimmer zum ersten Mal benutzt, und so verrückt es sich auch anhört, es gefällt mir besser als jeder andere Platz.

Mittwoch war unten der Klempner, um die Wasserleitung und das Abflussrohr aus der Bürotoilette in den Flur zu verlegen. Diese Veränderung ist im Hinblick auf einen eventuellen kalten Winter und das Einfrieren der Leitungen erfolgt. Der Klempnerbesuch war für uns alles andere als angenehm, nicht nur, weil wir tagsüber kein Wasser laufen lassen durften, sondern auch, weil wir nicht auf die Toilette konnten.

Nun ist es zwar sehr unfein, Dir zu berichten, was wir gemacht haben, um diesem Übel abzuhelfen, aber ich bin nicht so zimperlich, um über solche Dinge nicht zu sprechen. Vater und ich haben uns gleich in den ersten Tagen im Versteck einen improvisierten Nachttopf zugelegt, in Ermangelung eines Nachtgeschirrs haben wir für diesen Zweck ein Weckglas geopfert. Diese Weckgläser haben wir während des Klempnerbesuchs in unser Zimmer gestellt und unsere Geschäfte tagsüber aufbewahrt. Das fand ich längst nicht so scheußlich wie die Tatsache, dass ich den ganzen Tag stillsitzen musste und auch nicht sprechen durfte. Du kannst Dir nicht vorstellen, wie schwer das dem Fräulein Quak-quak-quak gefallen ist. An normalen Tagen müssen wir schon flüstern; überhaupt nicht zu reden und sich zu bewegen, ist noch zehnmal schlimmer.

Mein Hintern war, nachdem er drei Tage lang ununterbrochen platt gesessen wurde, vollkommen steif und tat weh. Abendgymnastik hat geholfen.

Deine Anne.

Donnerstag, 1. Oktober 1942

Liebe Kitty,

gestern habe ich einen fürchterlichen Schreck bekommen, um acht Uhr klingelte es plötzlich sehr laut; mein einziger Gedanke war, dass sie nun kämen, wer, kannst Du Dir denken. Aber als alle darauf beharrten, dass es bestimmt Lausejungs waren oder die Post, habe ich mich beruhigt.

Die Tage werden hier sehr still; Levinsohn, ein kleiner jüdischer Apotheker und Chemiker, arbeitet für Mijnheer Kugler in der Küche. Er kennt das ganze Haus sehr gut, und deshalb haben wir ständig Angst, dass er auf die Idee kommen könnte, einen Blick ins ehemalige Labor zu werfen. Wir sind so leise wie Babymäuschen. Wer hätte vor drei Monaten ahnen können, dass Quecksilber-Anne stundenlang stillsitzen muss und kann?

Am 29. hatte Mevrouw van Pels Geburtstag. Es gab keine große Feier, aber sie wurde mit Blumen, kleinen Geschenken und gutem Essen geehrt. Rote Nelken von ihrem Herrn Gemahl scheinen bei ihnen Familientradition zu sein.

Um noch mal kurz beim Thema Mevrouw zu bleiben, kann ich Dir sagen, dass ihre Flirtversuche mit Vater eine Quelle ständigen Ärgers für mich sind. Sie streicht ihm über Wange und Haar, zieht ihr Röckchen sehr hoch, sagt Sachen, die witzig sein sollen, und versucht so, Pims Aufmerksamkeit auf sich zu lenken. Zum Glück findet Pim sie weder hübsch noch nett und geht auf die Flirterei nicht ein.

Peter kann ab und zu auch lustig sein. Eine Vorliebe, die zum Lachen bringt, hat er immerhin mit mir gemeinsam, und zwar Verkleiden. Er in einem sehr engen Kleid von Mevrouw, ich in seinem Anzug erschienen wir gut mit Hut und Mütze ausstaffiert. Die Erwachsenen bogen sich vor Lachen, und wir hatten genauso großen Spaß.

Bep hat im *Bijenkorf* neue Röcke für Margot und mich gekauft. Aus einem Miststoff, wie Jutesäcke, und sie kosten 24 beziehungsweise 7,75 Gulden. Was für ein Unterschied zu früher!

Noch was Schönes in petto, Bep hat für Margot, Peter und mich bei so einem Verein Fernkurse in Stenografie bestellt. Du wirst schon sehen, was für perfekte Steno-Leute wir im nächsten Jahr sind. Ich finde es jedenfalls ungeheuer bedeutsam, so eine Geheimschrift richtig zu lernen.

Zum Schluss der Kuddelmuddel-Mitteilungen ein besonders lustiger Witz, der von Mijnheer van Pels stammt. Was macht 999-mal klick und 1-mal klack?

Ein Tausendfüßler mit einem Klumpfuß!

Tschüs, Deine Anne.

Freitag, 9. Oktober 1942

Liebe Kitty,

nichts als schlimme und bedrückende Nachrichten habe ich heute für Dich. Unsere vielen jüdischen Bekannten werden gruppenweise verhaftet. Die Gestapo geht mit diesen Menschen nicht gerade sanft um, sie werden einfach in Viehwaggons nach Westerbork gebracht, in das große Judenlager in Drenthe. Westerbork muss schrecklich sein, für die Tausenden Menschen gibt es ein Waschbecken, eine Toilette, und die Schlafplätze sind durcheinandergewürfelt. Männer, Frauen und Kinder schlafen gemeinsam. Man hört deshalb von unmäßiger Sittenlosigkeit; viele Frauen und Mädchen, die sich dort länger befinden, sind in anderen Umständen.

Fliehen ist fast unmöglich, die Menschen im Lager sind alle gebrandmarkt durch ihre geschorenen Köpfe und viele auch durch ihr jüdisches Aussehen.

Wenn es schon in Holland so schlimm ist, wie werden sie dann erst in den fernen und barbarischen Gegenden leben, in die man sie schickt? Wir nehmen an, dass die meisten ermordet werden. Der englische Sender spricht von Vergasung; vielleicht ist das ja die schnellste Todesart.

Ich bin völlig aufgelöst, Miep erzählt diese ganzen Gräuelgeschichten so ergreifend, und selber ist sie auch sehr aufgeregt. Erst kürzlich zum Beispiel saß eine alte, gelähmte Jüdin vor ihrer Tür und musste auf die Gestapo warten, während die ein Auto holte, um sie wegzubringen. Die arme Alte hatte große Angst vor dem heftigen Schießen auf die englischen Flugzeuge, die über die Stadt flogen, und auch vor den grellen Blitzen der Scheinwerfer. Trotzdem wagte Miep es nicht, sie ins Haus zu holen, das würde niemand machen. Die Herren Deutschen geizen nicht mit ihren Strafen.

Auch Bep ist still, ihr Freund muss nach Deutschland. Sie hat Angst, dass die Flugzeuge, die über unsere Häuser fliegen, ihre Bombenfracht von oft einer Million Kilo über Bertus' Kopf abwerfen werden.

Witze wie »eine Million wird er schon nicht abkriegen« und »eine Bombe reicht bereits« finde ich hier nicht gerade passend. Bertus ist ja nicht der Einzige, der gehen muss, jeden Tag fahren Züge voll mit jungen Männern ab. Wenn sie unterwegs an kleinen Bahnhöfen anhalten, steigen sie manchmal heimlich aus und versuchen unterzutauchen; einem kleinen Teil von ihnen glückt das vielleicht.

Ich bin noch nicht fertig mit meinem Klagelied. Hast Du schon einmal von Geiseln gehört? Das haben sie sich als Straf-Neuheit ausgedacht, für Sabotage. Es ist das Schrecklichste, was man sich vorstellen kann. Unschuldige, angesehene Bürger werden ins Gefängnis gesteckt und müssen auf ihre Ermordung warten. Wenn jemand Sabotage begeht und der Täter nicht gefunden wird, stellt die Grüne Polizei einfach um die fünf Geiseln an die Wand. Oft stehen Todesanzeigen für diese Menschen in der Zeitung. Als »schicksalhafter Unfall« wird das Verbrechen darin bezeichnet. Reizendes Volk, diese Deutschen, und ich gehöre eigentlich auch noch dazu! Nein, doch nicht, Hitler hat uns längst staatenlos gemacht, und außerdem gibt es keine größere Feindschaft auf der Welt als zwischen Deutschen und Juden.

Deine Anne.

Dienstag, 20. Oktober 1942

Liebe Kitty,

mir zittert noch die Hand, obwohl der Schreck, den wir bekommen haben, schon wieder zwei Stunden hinter uns liegt. Du musst wissen, dass wir fünf Minimax-Apparate im Haus haben für den Brandschutz. Weil sie unten so gescheit sind, haben sie uns nicht gewarnt, als der Zimmermann, oder wie so einer heißt, die Apparate füllte. Die Folge war, dass wir kein bisschen leise waren, bis ich draußen im kleinen Raum (gegenüber unserer Schrank-Tür) Hammerschläge hörte. Ich dachte sofort an den Zimmermann und warnte Bep, die bei uns zum Essen war, dass sie nicht nach unten konnte. Vater und ich bezogen Posten an der Tür, um zu horchen, wann der Mann gehen würde. Nachdem er eine Viertelstunde lang an der Arbeit gewesen war, legte er da draußen seinen Hammer und andere Werkzeuge auf unseren Schrank (das dachten wir!) und klopfte an unsere Tür. Wir wurden blass, hatte er vielleicht doch etwas gehört und wollte nun dieses geheimnisvolle Monstrum erforschen? Es schien so, das Klopfen, Zerren, Schieben und Rütteln hörte nicht auf. Ich wurde fast ohnmächtig vor Angst, dass es diesem wildfremden Mann gelingen könnte, unser schönes Versteck aufzudecken. Und als ich gerade dachte, nun hätte ich die längste Zeit gelebt, hörten wir Mijnheer Kleimans Stimme: »Macht mal auf, ich bin's.« Sofort öffneten wir. Was war passiert? Der Haken zum Feststellen des Tür-Schranks hatte geklemmt, deshalb konnte uns niemand vor dem Zimmermann warnen, der Mann war nach unten gegangen, und Kleiman wollte Bep abholen, bekam jedoch den Schrank auch diesmal nicht auf. Ich kann Dir nicht sagen, wie erleichtert ich war. Der Mann, von dem ich glaubte, dass er zu uns hineinwollte, hatte in meiner Fantasie immer größere Formen angenommen, zuletzt glich er einem Riesen und war so ein Faschist, wie es keinen schlimmeren gibt.

Puh, für diesmal ist es zum Glück wieder gut für uns ausgegangen.

Dafür war es am Montag sehr schön, Miep und Jan haben bei uns übernachtet. Margot und ich haben eine Nacht bei Vater und Mutter geschlafen und dem Ehepaar Gies unseren Platz überlassen. Das Menü ihnen zu Ehren schmeckte fantastisch, eine kleine Störung gab es, als Vaters Bürolampe einen Kurzschluss auslöste und wir auf einmal im Dunkeln saßen. Was tun? Neue Sicherungen hatten wir zwar im Haus, aber eingeschraubt werden musste die Sicherung ganz hinten im dunklen Magazin, und das war abends keine so angenehme Aufgabe. Trotzdem wagten es die Herren, und nach zehn Minuten konnten wir die festliche Kerzenbeleuchtung wieder wegräumen.

Bep kommt nächste Woche auch einmal auf Nachtbesuch.

Deine Anne.

Donnerstag, 29. Oktober 1942

Liebste Kitty,

ich mache mir große Sorgen, Vater ist krank. Er hat hohes Fieber und roten Ausschlag, es sieht aus wie Masern. Stell dir vor, wir können nicht mal den Arzt rufen! Mutter lässt ihn tüchtig schwitzen, vielleicht geht das Fieber davon runter.

Heute Morgen hat Miep erzählt, dass die Wohnung der van Pels an der Zuider Amstellaan ausgeräumt worden sei. Wir haben es Mevrouw noch nicht gesagt, sie ist sowieso schon so

»nervenachtik« in letzter Zeit, und wir haben keine Lust, uns noch ein Lamento anzuhören über ihr schönes Geschirr und ihre eleganten Stühle, die zu Hause geblieben sind. Auch wir mussten fast alles, was schön war, im Stich lassen, was nutzt jetzt noch das Gejammer? In letzter Zeit darf ich öfter auch Erwachsenenbücher lesen. Gerade bin ich an »Evas Jugend« von Nico van Suchtelen, der Unterschied zwischen Mädchenromanen und diesem Buch ist nicht besonders groß, finde ich. Vater hat Goethe und Schillers Dramen aus dem großen Bücherschrank geholt, er will mir jeden Abend etwas vorlesen. Mit »Don Carlos« haben wir schon angefangen.

Um Vaters gutem Beispiel zu folgen, hat Mutter mir ihr Gebetbuch in die Hand gedrückt. Aus Höflichkeit habe ich ein paar Gebete auf Deutsch gelesen, ich finde es ganz schön, aber es sagt mir nicht viel. Warum zwingt sie mich auch, so fromm-religiös zu tun?

Morgen wird der Ofen zum ersten Mal angemacht, wir sitzen dann wohl mächtig im Qualm; der Schornstein ist lange Zeit nicht mehr gefegt worden, hoffen wir mal, dass das Ding zieht!

Deine Anne.

Samstag, 7. November 1942

Liebe Kitty,

Mutter ist schrecklich nervös, und das ist für mich immer sehr brenzlig. Ist es wirklich Zufall, dass Vater und Mutter Margot nie einen Rüffel geben und ich immer alles abkriege? Gestern Abend zum Beispiel: Margot las ein Buch, in dem wunderschöne Zeichnungen waren, sie stand auf, ging nach oben und legte das Buch zur Seite, um später weiterzulesen. Ich hatte nichts zu tun, nahm es mir und sah mir die Abbildungen an. Margot kam wieder, erblickte »ihr« Buch in meiner Hand, zog die Stirn kraus und verlangte es empört zurück. Ich wollte noch einen Augenblick länger hineinschauen, Margot wurde immer wütender, Mutter mischte sich ein mit den Worten: »Das Buch liest Margot gerade, also gib es ihr.« Vater kam ins Zimmer, wusste gar nicht, worum es ging, sah, dass Margot etwas angetan wurde, und herrschte mich an: »Ich möchte dich mal sehen, wenn Margot in deinem Buch blättern würde!«

Ich gab sofort klein bei, legte das Buch hin und verließ – wie sie meinten, »beleidigt« – das Zimmer. Ich war weder beleidigt noch wütend, nur traurig.

Es war nicht recht von Vater zu urteilen, ohne die Streitfrage zu kennen. Ich hätte Margot das Buch von allein und auch viel schneller gegeben, hätten Vater und Mutter sich nicht eingemischt und Margot sofort in Schutz genommen, als ginge es um das größte Unrecht.

Dass Mutter Margot verteidigt, versteht sich von selbst, sie verteidigen sich immer gegenseitig. Ich bin schon so daran gewöhnt, dass ich völlig unempfindlich für Mutters Anraunzer und Margots gereizte Stimmungen geworden bin. Ich habe sie nur gern, weil sie nun mal Mutter und Margot sind, als Menschen können sie mir den Buckel runterrutschen. Bei Vater ist das anders, wenn er Margot vorzieht, alles richtig findet, was sie macht, Margot lobt und Margot tätschelt, nagt etwas an mir, denn Vater ist mein Ein und Alles, er ist mein großes Vorbild, niemand anders auf der ganzen Welt als Vater habe ich lieb.

Er ist sich nicht bewusst, dass er mit Margot anders umgeht als mit mir: Margot ist nun mal die Klügste, die Liebste, die Schönste und die Beste. Aber ein bisschen steht es mir doch auch zu, ernst genommen zu werden; ich war immer der Clown und der Nichtsnutz der Familie, musste immer doppelt für alles büßen; einmal mit Zurechtweisungen und einmal mit der Verzweiflung in mir selbst. Jetzt befriedigt mich dieses oberflächliche Getätschel nicht mehr, ebenso wenig wie die angeblich ernsthaften Gespräche, ich ersehne mir etwas von Vater, das er mir nicht geben kann.

Ich bin nicht eifersüchtig auf Margot, war es nie, ich begehre ihre Klug- und Schönheit nicht, ich würde nur so gern Vaters echte Liebe fühlen, nicht nur als sein Kind, sondern als Anne-an-sich.

Ich klammere mich an Vater, weil ich jeden Tag mit mehr Verachtung auf Mutter herabsehe und er der Einzige ist, der meinen letzten Rest Familiengefühl aufrechterhält. Vater begreift nicht, dass ich mir einmal alles von der Seele reden muss über Mutter, er will nicht darüber sprechen, weicht allem aus, was mit Mutters Fehlern zu tun hat. Dabei ist Mutter mit all ihren Schwächen das, was mir am schwersten auf der Seele liegt. Ich weiß nicht, wie ich mich verhalten soll, ich kann ihr ihre Unordentlichkeit, ihren Sarkasmus und ihre Härte nicht unter die Nase reiben, kann aber auch nicht immer die Schuld bei mir suchen.

Ich bin in allem das glatte Gegenteil von ihr, und das führt selbstverständlich zu Zusammenstößen. Ich urteile nicht über Mutters Charakter, denn darüber kann ich mir kein Urteil erlauben, ich betrachte sie nur als Mutter. Für mich ist Mutter keine Mutter; ich muss selber meine Mutter sein. Ich habe mich von ihnen abgesondert, ich bin allein unterwegs und werde später schon sehen, wo ich ankomme.

Alles hat vor allem damit zu tun, dass ich in mir eine sehr deutliche Vorstellung davon habe, wie eine Mutter und eine Frau sein sollte, und ich nichts von diesem Vorbild wiederfinde in ihr, die ich Mutter nennen muss.

Ich nehme mir immer vor, nicht mehr auf Mutters falsche Beispiele zu achten, ich will nur ihre guten Seiten sehen, und was ich bei ihr nicht finde, will ich bei mir selber suchen. Aber das gelingt nicht, und das Schlimmste ist außerdem, dass weder Vater noch Mutter sich darüber im Klaren sind, dass sie mir in meinem

Leben nicht das geben, was sie mir geben müssten, und dass ich sie dafür verurteile. Aber kann jemand seine Kinder wirklich vollkommen zufriedenstellen?

Manchmal glaube ich, Gott will mich auf die Probe stellen, jetzt und auch später; ich muss allein ein guter Mensch werden, ohne Vorbilder und ohne Gespräche, dann werde ich später am stärksten sein?

Wer außer mir selbst wird später alle diese Briefe lesen? Wer außer mir selbst wird mich trösten? Denn ich brauche oft Trost, ich bin so oft nicht stark genug und versage häufiger, als ich mich bewähre. Ich weiß es und versuche immer wieder, jeden Tag aufs Neue, mich zu bessern.

Ich werde unausgewogen behandelt; den einen Tag ist Anne so vernünftig und darf alles wissen, und am nächsten muss ich mir wieder anhören, dass Anne nur ein kleines, dummes Ding ist, das von nichts eine Ahnung hat und glaubt, Wunder was aus Büchern gelernt zu haben!

Ich bin nicht mehr das Baby und das Hätschelkind, das obendrein bei allem, was es macht, ausgelacht werden darf. Ich habe meine eigenen Ideale, Vorstellungen und Pläne, ich kann sie nur noch nicht in Worte fassen.

Ach, in mir kommen so viele Gedanken auf, wenn ich abends allein bin – und auch am Tag, wenn ich die Menschen ertragen muss, die mir zum Hals heraushängen oder die meine Absichten ständig falsch auffassen. Ich kehre deshalb zu guter Letzt immer wieder zu meinem Tagebuch zurück, das ist mein Anfangs- und mein Endpunkt, denn Kitty ist immer geduldig.

Ich werde ihr versprechen, dass ich trotz allem durchhalte, mir meinen Weg bahne und meine Tränen hinunterschlucke. Ich würde nur so gern schon einmal die Ergebnisse sehen oder ein einziges Mal ermutigt werden von jemandem, der mich liebt.

Verurteile mich nicht, sondern sieh mich als jemanden, dem manchmal einfach alles über den Kopf wächst.

Deine Anne.

Montag, 9. November 1942

Liebe Kitty,

gestern hatte Peter Geburtstag, er ist sechzehn geworden. Die Geschenke waren ganz nett. Er hat unter anderem das Börsenspiel, einen Rasierer und ein Feuerzeug bekommen. Nicht dass er so viel raucht, überhaupt nicht, es geht nur um die Eleganz. Die größte Überraschung brachte uns Mijnheer van Pels, als er um ein Uhr berichtete, dass die Engländer in Tunis, Algier, Casablanca und Oran gelandet sind. Das ist der Anfang vom Ende, sagten alle, aber Churchill, der englische Premierminister, der wahrscheinlich in England denselben Ausruf gehört hatte, sagte: »Diese Landung ist ein sehr großes Ereignis, doch man darf nicht glauben, dass das der Anfang vom Ende ist. Ich sage vielmehr, dass es das Ende vom Anfang bedeutet.« Merkst Du den Unterschied? Grund für Optimismus gibt es ja wirklich, Stalingrad, der russische Ort, den sie jetzt schon seit drei Monaten verteidigen, ist immer noch nicht an die Deutschen gefallen.

Um im Geiste des Hinterhauses zu sprechen, werde ich doch auch einmal etwas über unsere Lebensmittelversorgung aufschreiben müssen. (Du musst wissen, dass die obere Abteilung aus echten Schlemmern besteht!) Unser Brot liefert uns ein sehr freundlicher Bäcker und Bekannter von Kleiman. Wir kriegen natürlich nicht so viel wie zu Hause, aber es reicht aus. Lebensmittelkarten werden ebenfalls schwarz gekauft. Der Preis steigt ständig, von 27 Gulden nun schon auf 33 Gulden. Und das nur für ein kleines Blatt bedrucktes Papier!

Damit wir ein paar haltbare Sachen im Haus haben neben unseren hundert Konservendosen, haben wir 270 Pfund Hülsenfrüchte gekauft. Das ist nicht alles für uns allein, auch ans Büro wurde gedacht. Die Hülsenfrüchte hingen in Säcken in unserem kleinen Flur (vor der Verstecktür) an Haken. Wegen des schweren Gewichts sind ein paar Nähte an den Säcken aufgeplatzt.

Wir haben dann beschlossen, unseren Wintervorrat auf den Dachboden zu schaffen und Peter das Hochhieven anvertraut. Fünf der sechs Säcke waren schon heil oben angekommen, und Peter war gerade dabei, Nummer sechs hochzuziehen, als die untere Naht des Sacks riss und ein Regen, nein ein Hagel brauner Bohnen durch die Luft flog und die Treppe hinunterprasselte. In dem Sack waren etwa 50 Pfund, es war dann auch ein Höllenlärm; unten glaubten sie sicher, jetzt bekämen sie das alte Haus samt Inhalt auf den Kopf. Peter erschrak kurz, musste aber schrecklich lachen, als er mich unten an der Treppe stehen sah wie eine kleine Insel inmitten von Bohnenwogen, so umschloss mich das braune, mir bis an die Knöchel reichende Zeug. Wir machten uns schnell ans Aufsammeln, doch Bohnen sind so glatt und klein, dass sie in alle möglichen und unmöglichen Ecken und Ritzen kullern. Jedes Mal, wenn nun jemand die Treppe hochgeht, bückt er sich, um eine Handvoll Bohnen bei Mevrouw abzuliefern. Fast hätte ich vergessen zu erwähnen, dass Vaters Krankheit wieder völlig vorbei ist.

Deine Anne.

PS: Gerade kommt im Radio die Meldung, dass Algier gefallen ist. Marokko, Casablanca und Oran sind schon seit ein paar Tagen in englischer Hand. Nun heißt es noch warten auf Tunis.

Deine Anne.

Dienstag, 10. November 1942

Liebe Kitty,

fantastische Neuigkeiten, wir wollen noch jemanden ins Versteck aufnehmen!

Ja, wirklich, wir waren immer der Ansicht, dass hier noch sehr gut Platz und Essen für eine achte Person ist. Wir fürchteten nur, Kugler und Kleiman noch mehr zu belasten. Als nun die Schreckensnachrichten von draußen über die Juden immer schlimmer wurden, hat Vater mal bei den beiden entscheidenden Faktoren vorgefühlt, und sie fanden den Plan ausgezeichnet. Die Gefahr ist für sieben genauso groß wie für acht, meinten sie sehr richtig. Als das geklärt war, sind wir in Gedanken unseren Bekanntenkreis durchgegangen, um eine alleinstehende Person zu finden, die gut in unsere Versteckfamilie passen würde. Es war nicht schwer, so jemanden aufzutreiben. Nachdem Vater alle Verwandten von van Pels abgelehnt hatte, fiel unsere Wahl auf einen Zahnarzt namens Fritz Pfeffer. Er lebt mit einer viel jüngeren und netten Christin zusammen, mit der er wahrscheinlich nicht verheiratet ist, aber das ist Nebensache. Er gilt als ruhig und gebildet, und so nach der flüchtigen Bekanntschaft zu urteilen, schien er sowohl den van Pels als auch uns sympathisch. Auch Miep kennt ihn, sodass sie den Versteckplan mit ihm regeln kann. Wenn er kommt, soll Pfeffer in meinem Zimmer schlafen statt Margot, die das Harmonikabett als Lagerstatt erhält.

Deine Anne.

Donnerstag, 12. November 1942

Liebe Kitty,

Pfeffer fragte sofort, als Miep ins Zimmer kam, ob sie nicht vielleicht ein Versteck für ihn wüsste. Er war ungeheuer froh, als Miep ihm sagte, sie habe etwas für ihn, und er solle so schnell wie möglich dorthin gehen, am besten schon Samstag. Das erschien ihm etwas problematisch, er müsse seine Kartei noch in Ordnung bringen, zwei Patienten behandeln und die Abrechnungen machen. Mit dieser Nachricht kam Miep heute Vormittag zu uns. Wir fanden es nicht gut, noch so lange zu warten. Die ganzen Vorbereitungen verlangen wieder Erklärungen gegenüber zahlreichen Leuten, die wir lieber aus der Sache raushalten würden; Miep ging Pfeffer dann noch mal fragen, ob es nicht doch so geregelt werden könnte, dass er am Samstag kommt. Pfeffer hat Nein gesagt und kommt nun am Montag. Ich finde es wirklich verrückt, dass er nicht sofort auf jeden Vorschlag eingeht, wenn sie ihn auf der Straße mitnehmen, kann er seine Kartei nicht mehr ordnen und den Leuten auch nicht mehr helfen, warum dann der Aufschub? Ich selbst finde es blöd, dass Vater nachgegeben hat.

Sonst nichts Neues.

Deine Anne.

Dienstag, 17. November 1942

Liebe Kitty,

Pfeffer ist angekommen. Alles hat gut geklappt: Um elf Uhr vormittags sollte er, wie Miep ihm gesagt hatte, vor dem Postamt an einem bestimmten Platz sein, dort würde ihn ein Mann mitnehmen. Pfeffer stand pünktlich auf die Minute am vereinbarten Platz, Mijnheer Kleiman ging zu ihm, erklärte ihm, besagter Mann könne noch nicht kommen, und bat ihn, kurz zu Miep in die Firma zu gehen. Kleiman stieg in die Tram, fuhr zurück zur Firma, und Pfeffer ging denselben Weg zu Fuß. Um zehn Minuten vor halb zwölf klopfte Pfeffer an die Bürotür. Miep bat ihn, den Mantel auszuziehen, damit der Stern nicht zu sehen war, und führte ihn ins Privatbüro, wo Kleiman ihn in ein Gespräch verwickelte, bis die Putzfrau gegangen war. Unter dem Vorwand, das Privatbüro sei nicht länger frei, ging Miep mit Pfeffer nach oben, öffnete den Drehschrank und trat vor den Augen des völlig verblüfften Mannes durch die Öffnung. Wir sieben saßen oben um den Tisch mit Cognac und Kaffee und erwarteten den neuen Mitbewohner. Zuerst führte Miep ihn in unser Wohnzimmer; er erkannte sofort unsere Möbel wieder, dachte aber noch nicht im Entferntesten daran, dass wir uns über seinem Kopf befinden könnten. Als Miep es ihm sagte, fiel er vor Staunen fast in Ohnmacht. Zum Glück ließ Miep ihm nicht so viel Zeit und ging mit ihm nach oben. Pfeffer ließ sich auf einen Stuhl fallen und sah uns alle eine Weile sprachlos an, als wolle er von unseren Gesichtern ablesen, ob das jetzt wirklich wahr sein konnte. Dann stammelte er: »Maar ... aber, sind U dan nicht in België? Ist der Militär nicht gekomen, das Auto, die Vlucht ist sie nicht gelukt?« Wir erklärten ihm die ganze Sache, dass wir die Geschichte von dem Offizier und dem Auto absichtlich gestreut hatten, um die Leute und die Deutschen, die eventuell nach uns suchen würden, auf eine falsche Fährte zu locken. Pfeffer war wieder sprachlos über so viel Einfallsreichtum und konnte den Rest des Tages nur noch staunend umherblicken, als er unser höchst praktisches und schönes Hinterhäuschen näher beschnupperte. Wir aßen gemeinsam, er schlief ein wenig und trank dann Tee mit uns, ordnete seine paar Sachen, die Miep vorher mitgebracht hatte, und fühlte sich schon einigermaßen zu Hause. Vor allem, als er die folgenden, mit der Maschine getippten Hinterhaus-Versteckregeln (Fabrikat van Pels) überreicht bekam:

<u>Prospekt und Leitfaden des Hinterhauses.</u> Spezielle Einrichtung für den vorübergehenden Aufenthalt von Juden und ihresgleichen.

<u>Ganzjährig geöffnet.</u>

Schöne, ruhige, waldreiche Umgebung im Herzen Amsterdams. Keine privaten Nachbarn. Zu erreichen mit den Tramlinien 13 und 17, außerdem mit Auto und Fahrrad. In bestimmten

Fällen, in denen die deutschen Behörden die Benutzung dieser Beförderungsmittel nicht gestatten, auch zu Fuß.

Entfernung von der Munt: 5 Minuten.

Entfernung zu Süd: 45 Minuten.

Möblierte und unmöblierte Apartments und Zimmer ständig verfügbar mit und ohne Vollpension. Wohnen gratis. Diätküche, fettfrei.

Fließendes Wasser im Badezimmer (leider keine Wanne) und an mehreren Innen- und Außenwänden. Wunderbare Feuerstätten. Großzügige Lagerräume für Güter jeglicher Art. Zwei große moderne Panzerschränke.

Eigene Radio-Zentrale: mit Direktverbindung zu London, New York, Tel Aviv und vielen anderen Rundfunkstationen.

Dieser Apparat steht ab sechs Uhr abends allen Bewohnern zur Verfügung, wobei es keine verbotenen Sender gibt – unter der Bedingung, dass nur ausnahmsweise deutsche Stationen gehört werden dürfen, zum Beispiel klassische Musik und Ähnliches. Der Rundfunk-Nachrichtendienst arbeitet durchgehend in drei Schichten. Morgens um sieben Uhr, acht Uhr, mittags um ein Uhr, abends um sechs Uhr.

Ruhezeiten: zehn Uhr abends bis halb acht Uhr morgens. Sonntags Viertel nach zehn. Umständehalber werden auch tagsüber Ruhezeiten eingehalten, nach Anweisungen der Direktion. Ruhezeiten sind streng einzuhalten, im Zusammenhang mit der allgemeinen Sicherheit!!!!

Freizeit: entfällt, sofern außer Haus, bis auf Weiteres.

Sprachgebrauch: geboten ist, jederzeit leise zu sprechen, erlaubt sind alle Kultursprachen, also kein Deutsch.

Lektüre und Entspannung: es dürfen keine deutschen Bücher gelesen werden, ausgenommen wissenschaftliche und klassische, alles Übrige ist frei.

Gymnastikübungen: täglich.

Singen: ausschließlich leise und nach sechs Uhr abends.

Film: nach Vereinbarung.

Bildungsangebote: in Stenografie jede Woche eine Fernkurs-Lektion. In Englisch, Französisch, Mathematik und Geschichte jederzeit.

Bezahlung in Tauschunterricht, z. B. Niederländisch.

Es ist strengstens verboten, deutsche Nachrichten zu hören (einerlei, von wo aus sie gesendet werden) und zu verbreiten.

Spezialabteilung für kleine Haustiere mit guter Betreuung (ausgenommen Ungeziefer, für das eine Sondergenehmigung erteilt werden muss ...).

Preis nach Absprache.

Die Einnahme von Mahlzeiten: Frühstück täglich außer an Sonn- und Feiertagen morgens um neun Uhr, an Sonn- und Feiertagen ca. halb zwölf.

Mittagessen: teilweise ausgiebig. Mittags Viertel nach eins bis Viertel vor zwei.

Abendessen: kalt und/oder warm, im Hinblick auf den Nachrichtendienst keine feste Zeit.

Verbessern: die Mitbewohner ersuchen freundlich darum, verbessert zu werden, wenn sie beim Sprechen oder bei der Aussprache des Niederländischen Fehler machen; das wird allen Bewohnern sicherlich zugutekommen.

Verpflichtungen gegenüber der Versorgungskolonne: allzeit bereit sein, bei der Büroarbeit zu helfen.

Baden: sonntags ab neun Uhr steht der Zuber allen Bewohnern zur Verfügung. Gebadet werden kann je nach Wunsch in Toilette, Küche, Privatbüro, vorderem Büro.

Spirituosen: nur gegen ärztliches Attest. Ende.

Deine Anne.

Donnerstag, 19. November 1942

Liebe Kitty,

wie wir alle angenommen hatten, ist Pfeffer ein sehr netter Mann. Er hatte natürlich nichts dagegen, das Zimmer mit mir zu teilen; ehrlich gesagt bin ich nicht so davon angetan, dass ein Fremder meine Sachen mitbenutzt, aber für einen guten Zweck muss man was übrig haben, und ich bringe dieses kleine Opfer deshalb gern; wenn wir nur einen von unseren Bekannten retten können, ist alles andere Nebensache, hat Vater gesagt, und damit hat er völlig recht. Pfeffer hat mich an seinem ersten Tag hier sofort über alles ausgefragt, zum Beispiel, wann die Putzfrau kommt, wie die Badezimmerzeiten sind, wann man auf die Toilette gehen darf. Du wirst lachen, aber das alles ist in einem Versteck nicht so einfach. Wir dürfen tagsüber nicht so laut sein, dass sie uns unten hören, und wenn noch eine andere Person wie zum Beispiel die Putzfrau da ist, müssen wir uns alle noch mehr in Acht nehmen. Ich habe Pfeffer das alles lang und breit erklärt, doch über eines habe ich mich dabei gewundert, und zwar, dass er so schwer von Begriff ist, alles fragt er zweimal und merkt es sich dann immer noch nicht.

Vielleicht ist das ja nur vorübergehend, und er ist wegen der Überraschung so durcheinander. Ansonsten läuft es sehr gut. Pfeffer hat uns viel von der Außenwelt erzählt, die wir nun schon so lange vermissen. Es ist traurig, was er alles wusste, unzählige Freunde und Bekannte sind fort, zu einem schrecklichen Ziel. Abend für Abend knattern die grünen oder grauen Militärautos vorbei, an jeder Tür wird geklingelt und gefragt, ob auch Juden dort wohnen, wenn ja, muss die ganze Familie sofort mit, wenn nicht, fahren sie weiter. Niemand kann sich seinem Schicksal entziehen, wenn er sich nicht versteckt. Sie gehen auch oft mit Listen herum und klingeln nur da, wo sie mit Sicherheit reiche Beute machen werden. Oft wird Kopfgeld bezahlt, pro Kopf soundso viel. Fast so wie bei der Sklavenjagd, die früher veranstaltet wurde. Aber es ist wirklich kein Witz, dafür ist es viel zu dramatisch; ich sehe oft abends im Dunkeln die Reihen guter, unschuldiger Menschen gehen, mit weinenden Kindern, immer weitergehen, kommandiert von so ein paar Kerlen, geschlagen und gequält, bis sie fast umfallen. Keiner wird verschont, Alte, Kinder, Babys, Schwangere, Kranke, alle, alle müssen mit auf den Weg in den Tod.

Wie gut haben wir es hier, wie gut und geruhsam. Wir brauchten uns dieses ganze Elend nicht zu Herzen zu nehmen, wenn wir uns nicht so ängstigen würden um alle, die uns so lieb und teuer waren und denen wir nicht mehr helfen können. Schlecht fühle ich mich, weil ich in einem warmen Bett liege, während meine liebsten Freundinnen irgendwo draußen niedergeworfen wurden oder niedergestürzt sind.

Ich bekomme selber Angst, wenn ich an alle die denke, mit denen ich mich immer so innig verbunden gefühlt habe und die nun den Händen der grausamsten Henker ausgeliefert sind, die es jemals gegeben hat. Und das alles, weil sie Juden sind.

Deine Anne.

Freitag, 20. November 1942

Liebe Kitty,

wir alle wissen nicht so richtig, was für eine Haltung wir einnehmen sollen. Bisher ist von den Nachrichten über die Juden nie viel zu uns durchgedrungen, und wir hielten es für das Beste, so weit wie möglich eine heitere Miene zu machen. Wenn Miep mitunter etwas verlauten ließ über das schreckliche Schicksal von jemandem aus unserem Bekanntenkreis, mussten Mutter oder Mevrouw van Pels jedes Mal weinen, sodass Miep es für besser hielt, gar nichts mehr zu erzählen. Aber Pfeffer wurde sofort mit Fragen bestürmt, und die Geschichten, die er erzählte, waren grausam und barbarisch. So etwas geht nicht zum einen Ohr hinein und zum anderen wieder hinaus. Trotzdem werden wir, wenn sich die Nachrichten ein bisschen gesetzt haben, sicher wieder Witze machen und uns gegenseitig aufziehen; es hilft uns und denen da draußen nicht, wenn wir so trübsinnig bleiben, wie wir alle im Augenblick sind, und was hat es für einen Sinn, aus dem Hinterhaus ein schwermütiges Hinterhaus zu machen?

Bei allem, was ich tue, muss ich an die anderen denken, die fort sind, und wenn ich über etwas lachen muss, höre ich erschrocken wieder auf und denke bei mir, was für eine Schande es ist, dass ich so fröhlich bin. Aber soll ich denn den ganzen Tag weinen? Nein, das kann ich nicht, und diese düstere Stimmung geht auch bestimmt wieder vorbei.

Zu diesem Kummer ist noch ein anderer gekommen, doch der ist von sehr persönlicher Art und gar nichts gegenüber dem Elend, von dem ich gerade berichtet habe. Trotzdem kann ich es nicht lassen, Dir zu erzählen, dass ich mich in letzter Zeit so einsam fühle, eine zu große Leere ist um mich herum. Früher habe ich nie so darüber nachgedacht, und meine Vergnügungen und Freundinnen haben mein ganzes Denken ausgefüllt. Jetzt denke ich oft an unglückselige Dinge, oder ich denke über mich selber nach. Und ich bin schließlich zu der Erkenntnis gelangt, dass Vater, so lieb er auch ist, meine ganze frühere Welt doch nicht ersetzen kann.

Mutter und Margot zählen in meinen Gefühlen schon lange nicht mehr. Aber warum soll ich Dich mit solchen dummen Sachen behelligen, ich bin schrecklich undankbar, Kitty, das weiß ich ja, aber mir wird auch oft schwindlig, wenn ich zu viel zusammengestaucht werde und dann noch an all die anderen schlimmen Dinge denken muss!

Deine Anne.

Samstag, 28. November 1942

Liebe Kitty,

wir haben viel zu oft das Licht eingeschaltet und jetzt unsere Stromzuteilung überschritten, Folge: übertriebene Sparsamkeit und voraussichtliche Sperrung. Vierzehn Tage lang kein Licht, toll, was? Aber vielleicht geht es noch gut! Ab vier Uhr oder halb fünf ist es zu dunkel zum Lesen, wir vertreiben uns die Zeit mit allerlei verrückten Sachen. Rätselraten, Gymnastik im Dunkeln, Englisch oder Französisch sprechen, Bücher kritisieren, auf die Dauer wird alles langweilig. Gestern Abend habe ich etwas Neues erfunden, und zwar, mit einem starken Fernglas in die beleuchteten Zimmer der Nachbarn hinter uns zu gucken. Am Tag dürfen unsere Vorhänge nie auch nur einen Zentimeter offen sein, doch wenn es so dunkel ist, macht das nichts. Ich habe früher nie gewusst, dass Nachbarn so interessante Leute sein können, jedenfalls unsere, ein paar habe ich beim Essen angetroffen, eine Familie machte gerade Filmaufnahmen, und der Zahnarzt von gegenüber hatte eine alte, ängstliche Dame in Behandlung.

Mijnheer Pfeffer, der Mann, von dem es immer hieß, dass er hervorragend mit Kindern umgehen kann und auch alle Kinder mag, entpuppt sich als der altmodischste Erzieher und Prediger von ellenlangen Benimmlisten. Da ich das seltene Glück habe (!), mit dem hochedelwohlerzogenen Herrn mein leider sehr beengtes Zimmer teilen zu dürfen, und da ich allgemein als die am schlechtesten Erzogene der drei Jugendlichen gelte, habe ich meine liebe Not damit, den allzu oft wiederholten Tadeln und Ermahnungen zu entgehen und mich einfach taub zu stellen. Das alles wäre ja noch auszuhalten, wenn Mijnheer nicht so ein großer Petzer wäre und sich nicht auch noch Mutter als Anlaufstelle ausgesucht hätte. Wenn ich von ihm gerade den Wind von vorn bekommen habe, legt Mutter noch mal nach, ich kriege also auch den Wind von hinten, und wenn ich dann noch großes Glück habe, zieht mich Mevrouw fünf Minuten später zur Rechenschaft, und der Wind bläst von oben!

Glaub nur nicht, es sei einfach, der unerzogene Mittelpunkt einer kritteligen Versteckfamilie zu sein. Abends im Bett, wenn ich über meine vielen Sünden und angedichteten Fehler nachdenke, gerate ich so durcheinander wegen der großen Menge von Sachen, die ergründet werden müssen, dass ich entweder lache oder weine, je nach meiner inneren Stimmung. Und dann mit dem verrückten Gefühl einschlafe, anders sein zu wollen, als ich bin, oder anders zu sein, als ich sein will, oder vielleicht auch anders zu handeln, als ich will oder bin. Ach du lieber Himmel, jetzt bringe ich Dich auch noch durcheinander, bitte entschuldige, aber durchstreichen mag ich nicht, und Papier wegzuwerfen ist in Zeiten von großer Papierknappheit verboten. Also kann ich Dir nur raten, den Satz oben nicht noch einmal zu lesen und Dich vor allem nicht in ihn zu vertiefen, denn kapieren wirst Du ihn sowieso nicht!

Deine Anne.

Montag, 7. Dezember 1942

Liebe Kitty,

Chanukka und Nikolaus fielen dieses Jahr fast zusammen, nur ein Tag lag dazwischen. Für Chanukka haben wir nicht viel Umstände gemacht, ein bisschen netter Krimskrams hin und her und dann die Kerzen. Da Kerzen knapp sind, lassen wir sie nur zehn Minuten brennen, aber wenn dabei das Lied nicht fehlt, ist das schon in Ordnung. Mijnheer van Pels hat einen Leuchter aus Holz angefertigt, sodass auch das ist, wie es sein soll. Der Nikolausabend am Samstag war viel schöner. Bep und Miep hatten uns sehr neugierig gemacht, weil sie beim Essen die ganze Zeit mit Vater geflüstert hatten und wir deshalb schon ahnten, dass etwas in Vorbereitung war. Und tatsächlich, um acht Uhr gingen wir alle die Holztreppe hinunter, durch den stockdunklen Flur (mich gruselte es, und ich wünschte mir, schon wieder oben in Sicherheit zu sein!) zum kleinen Durchgangszimmer, dort konnten wir Licht anmachen, weil der Raum keine Fenster hat. Als das geschehen war, öffnete Vater den großen Schrank. »Oh, wie schön«, riefen wir alle. In der Ecke stand ein großer Korb, geschmückt mit Nikolauspapier, und obendrauf war eine Maske vom Schwarzen Piet befestigt. Schnell nahmen wir den Korb mit nach oben. Für jeden war darin ein hübsches kleines Geschenk mit einem passenden Gedicht. Nikolausgedichte kennst Du ja bestimmt, und alle schreibe ich hier auch nicht für Dich auf, aber das für Mutter und das für Mevrouw van Pels waren sehr passend:

Geduldig sein
so einfach scheint
wie jeder meint.
Doch warten, warten
mit Gedanken
voller Pein,
ist so schwer
und muss doch sein.
Solche Geduld, meinte Nikolaus,
verdient ihren Lohn,
ein schöner Kalender,
der lag da schon.
Pack ein, sprach er
zu Piet, seinem Knecht,
dieses Meisterwerk
bekommt Mevrouw Frank zu Recht.

Welch ein Fleiß und welch Gerenne
ist das jeden Tag.
Ist das vielleicht der Grund,
dass sie ein jeder mag? (nicht ernst gemeinte Schmeichelei!)
Gasflamme, Backofen, ganz egal,
ihr leckerer Schmaus
ist stets erste Wahl.
Aber ... sitzt sie dann mal still,
was ist das Erste, das sie will?
Stricken! Stricken! Stricken!
Deshalb meinte der gute Nikolaus
nebst ihrem Mann mit Rauchmanie
braucht diese immer fleißige Frau
ein prima Stricknadeletui.

Fabrikat Jan Gies.

Ich habe ein *mikpoppetje* bekommen, Vater Buchstützen usw. usw. Es war auf jeden Fall alles nett ausgedacht, und da wir alle acht noch nie im Leben Nikolaus gefeiert hatten, war es eine gelungene Premiere.

Deine Anne.

PS: Für unten hatten wir natürlich auch etwas, alles noch aus den früheren guten Zeiten, und bei Miep und Bep ist außerdem Geld immer angebracht.

Heute haben wir gehört, dass der Aschenbecher für van Pels, der Bilderrahmen für Pfeffer und die Buchstützen für Vater von Voskuijl angefertigt worden sind. Wie jemand das so kunstvoll mit der Hand fertigbringt, ist mir ein Rätsel!

Deine Anne.

Donnerstag, 10. Dezember 1942

Liebe Kitty,

Mijnheer van Pels kommt aus der Wurst-, Fleisch- und Gewürzbranche. In der Firma wurde er wegen seiner Gewürzqualitäten eingestellt, aber jetzt zeigt er sich von der wurstigen Seite, was uns ganz und gar nicht unangenehm ist. Wir hatten viel Fleisch (schwarz natürlich) bestellt, zum Einwecken, falls wir mal schwierige Zeiten durchmachen müssen. Er wollte Bratwurst, Gelderländer Wurst und Mettwurst machen. Es war ein lustiger Anblick, wie erst die Fleischstücke durch den Fleischwolf gingen, zwei- oder dreimal, dann alle Zutaten unter die Fleischmasse gemengt wurden und dann alles mithilfe einer Tülle in die Därme gefüllt wurde. Die Bratwurst haben wir mittags sofort zum Sauerkraut gegessen, aber die Gelderländer, die zum Einwecken gedacht war, musste erst gut trocknen, und dazu wurde sie an einem Stock mit zwei Schnüren oben an der Decke aufgehängt. Jeder, der ins Zimmer kam und die zur Schau gestellten Würste erblickte, musste lachen; es war aber auch ein zu drolliger Anblick.

Im Zimmer herrschte großer Trubel: Mijnheer van Pels war, eine Schürze von Mevrouw vorgebunden, in seiner ganzen Fülle (er wirkte viel fülliger, als er ist) mit dem Fleisch zugange, mit seinen blutigen Händen, dem roten Kopf und der vollgeschmierten Schürze sah er aus wie ein richtiger Metzger. Mevrouw machte alles gleichzeitig, Niederländisch aus einem Buch lernen, die Suppe rühren, nach dem Fleisch sehen, seufzen und klagen über ihre gebrochene Rippe. Das kommt davon, wenn ältere Damen (!) solche vollidiotischen Gymnastikübungen machen, um ihren dicken Hintern wieder loszuwerden!

Pfeffer hatte ein entzündetes Auge und betupfte es beim Ofen mit Kamillentee. Pim saß auf einem Stuhl im schmalen Sonnenstrahl, der durchs Fenster fiel, musste von einer Seite auf die andere rücken und hatte dabei bestimmt wieder Schmerzen an seiner Rheumastelle, denn er saß ziemlich krumm da und schaute Mijnheer van Pels mit verstimmter Miene auf die Finger. Er sah fast aus wie so ein alter Invalide im Diakonieheim. Peter tollte mit der Katze (Mouschi genannt) im Zimmer umher, Mutter, Margot und ich pellten Kartoffeln, und schließlich erledigten wir alle unsere Aufgaben nicht richtig, weil wir van Pels zusahen.

Pfeffer hat seine Zahnarztpraxis eröffnet. Ich teile Dir spaßeshalber kurz mit, wie die erste Behandlung abgelaufen ist. Mutter war am Bügeln, und Mevrouw, die als Erste dran glauben musste, nahm auf einem Stuhl mitten im Zimmer Platz. Gewichtig packte Pfeffer seine kleine Kiste aus, bat um Eau de Cologne als Desinfektionsmittel und Vaseline als Wachs. Pfeffer sah Mevrouw in den Mund, berührte einen Vorder- und einen Backenzahn, wobei Mevrouw jedes Mal zusammenzuckte, als verginge sie vor Schmerz, und unzusammenhängende Laute ausstieß. Nach einer längeren Untersuchung (zumindest für Mevrouw, denn es waren nicht mehr als zwei Minuten) begann Pfeffer, ein kleines Loch auszukratzen, doch nein, daran war gar nicht zu denken, Mevrouw schlug und strampelte wild um sich, sodass Pfeffer das kleine Kratzding irgendwann losließ und ... es in Mevrouws Zahn stecken blieb. Jetzt waren die Puppen erst recht am Tanzen! Mevrouw schlug um sich, weinte (soweit das möglich ist mit so einem Instrument im Mund), versuchte, das Kratzding aus dem Mund zu bekommen, und stieß es mit alldem noch weiter hinein. Mijnheer Pfeffer schaute sich die Szene, die Hände in die Seiten gestemmt, seelenruhig an. Der Rest der Zuschauer lachte unbändig; das war natürlich gemein, denn ich bin mir sicher, dass ich noch viel lauter gekreischt hätte. Nach vielem Sich-Winden, Treten, Brüllen und Schreien war Mevrouw das Kratzding dann endlich wieder los, und Mijnheer Pfeffer machte mit seiner

Arbeit weiter, als wäre nichts geschehen. Er war dabei so schnell, dass Mevrouw keine Zeit fand, noch mal loszulegen, aber er hatte auch so viel Hilfe wie noch nie im Leben; zwei Assistenten, nicht gerade wenig, Mijnheer und ich machten unsere Sache gut. Das Ganze war wie auf einem Bild aus dem Mittelalter mit der Inschrift »Quacksalber bei der Arbeit«. Doch trotzdem hatte die Patientin nicht viel Geduld, sie müsse sich um »ihre« Suppe und »ihr« Essen kümmern. Eines ist sicher, Mevrouw lässt sich so bald nicht mehr behandeln.

Deine Anne.

Sonntag, 13. Dezember 1942

Liebe Kitty,

ich sitze ganz gemütlich im vorderen Büro und schaue durch einen Spalt der schweren Vorhänge aus dem Fenster. Es ist dämmerig, aber gerade noch hell genug zum Schreiben.

Es ist ein sehr seltsamer Anblick, die Menschen sehen aus, als hätten sie es alle furchtbar eilig und würden fast über ihre eigenen Füße stolpern. Die Radfahrer, also bei dem Tempo kommt man gar nicht mit, ich kann nicht mal erkennen, was für eine Art Individuum auf dem Vehikel sitzt. Die Leute hier im Viertel sehen nicht gerade sehr ansprechend aus, und besonders die Kinder sind so schmutzig, dass man sie nicht mal mit der Zange anfassen mag, richtige Schmuddelkinder mit Rotznasen; ihren Jargon kann ich kaum verstehen. Gestern Nachmittag, als wir beide hier gebadet haben, habe ich zu Margot gesagt: »Wenn wir jetzt mal die Kinder, die hier vorbeigehen, eins nach dem andern mit einer Angel hochfischen würden, in den Badebottich stecken, ihre Sachen waschen und flicken und sie dann wieder laufen lassen, dann ...«; darauf erwiderte Margot: »... würden sie morgen wieder genauso schmutzig und abgerissen aussehen wie vorher.« Doch was schwafele ich, es gibt auch noch andere Dinge zu sehen, Autos, Schiffe und den Regen. Ich höre die Tram und die Kinder und habe meinen Spaß.

Unsere Gedanken haben genauso wenig Abwechslung wie wir selbst, wie ein Karussell drehen sie sich unablässig von den Juden zum Essen und vom Essen zur Politik. Apropos Juden, gestern habe ich, als wäre es ein Weltwunder, zwei Juden durch den Vorhang gesehen, das war so ein sonderbares Gefühl, als hätte ich diese Menschen verraten und würde nun ihr Unglück belauern.

Hier direkt gegenüber liegt ein Hausboot, auf dem ein Schiffer mit Frau und Kindern wohnt, der Mann hat einen kleinen Kläffer. Wir kennen das Hündchen nur vom Bellen her und von seinem Schwanz, den wir sehen können, wenn es auf dem Gangbord umherläuft.

Bah, jetzt hat es angefangen zu regnen, und die meisten Leute haben sich unter ihren Schirmen versteckt, ich sehe nichts als Regenmäntel und manchmal einen bemützten Hinterkopf. Mehr brauche ich eigentlich auch nicht zu sehen, so allmählich kenne ich die Frauen auswendig, aufgedunsen von den Kartoffeln und mit einem roten oder grünen Mantel und abgetretenen Hacken, eine Tasche am Arm, mit grimmiger oder gutmütiger Miene, je nach Laune ihres Mannes.

Deine Anne.

Dienstag, 22. Dezember 1942

Liebe Kitty,

das Hinterhaus hat es mit Freuden aufgenommen, dass zu Weihnachten jeder ein viertel Pfund Butter extra bekommt. In der Zeitung steht zwar ein halbes Pfund, doch das gilt nur für die Glücklichen, die ihre Lebensmittelkarten vom Staat bekommen, und nicht für untergetauchte Juden, die sich wegen des hohen

Preises nur vier Marken statt acht auf dem Schwarzmarkt besorgen können.

Wir wollen alle acht mit der Butter etwas backen, ich habe heute Morgen schon Plätzchen gemacht und zwei Torten. Es ist sehr hektisch hier oben, und Mutter hat verboten, dass ich lerne oder lese, bevor nicht alle Arbeit im Haushalt erledigt ist. Mevrouw van Pels liegt mit ihrer geprellten Rippe im Bett, jammert den ganzen Tag, lässt sich ständig neu verbinden und ist mit nichts zufrieden. Ich werde froh sein, wenn sie wieder auf den Beinen ist und sich selbst um ihre Sachen kümmert, denn eins muss man sagen, sie ist enorm fleißig und ordentlich und, solange es ihr körperlich und seelisch gut geht, auch guter Dinge.

Als ob ich am Tag nicht schon genug »pst, pst« zu hören bekomme, weil ich immer zu »viel« Lärm mache, ist mein Herr Zimmernachbar auf die Idee gekommen, mir auch nachts wiederholt »pst« zuzurufen. Wenn's nach ihm geht, darf ich mich also nicht mal kurz umdrehen; ich denke gar nicht daran, darauf zu achten, und werde beim nächsten Mal »pst« zurückrufen.

Er wird jeden Tag unangenehmer und egoistischer, von den großzügig versprochenen Plätzchen habe ich nach der ersten Woche kein Stück mehr gesehen. Er macht mich vor allem sonntags wütend, wenn er so früh das Licht einschaltet und zehn Minuten Gymnastik macht.

Mir armer Geplagter kommt es wie Stunden vor, denn die Stühle – mit denen mein Bett verlängert ist – rutschen unter meinem müden Kopf ständig hin und her. Nachdem er mit ein paar heftigen Armschlenkern seine Beweglichkeitsübungen beendet hat, beginnt Mijnheer mit seiner Toilette. Die Unterhose hängt am Haken, dann erst dahin, wieder zurück, der Schlips liegt auf dem Tisch, wieder schiebend und stoßend an den Stühlen vorbei und gleich wieder zurück.

Aber ich will Dich nicht aufhalten mit meinem Gemecker über alte, unausstehliche Herren, davon wird es auch nicht besser, und auf alle meine Rachemittel wie Glühlampe ausschrauben, Tür abschließen, Kleidungsstücke verstecken muss ich um des lieben Friedens willen leider verzichten.

Ach, ich werde so vernünftig! Alles muss hier mit Vernunft vor sich gehen, lernen, zuhören, Mund halten, helfen, nett sein, nachgeben und was weiß ich! Ich fürchte, dass ich meine Vernunft, die sowieso nicht besonders groß ist, viel zu früh aufbrauche und für Nachkriegszeiten nichts mehr übrig behalte.

Deine Anne.

Mittwoch, 13. Januar 1943

Liebe Kitty,

wir haben eine neue Beschäftigung, und zwar Päckchen mit Bratensoße (in Pulverform) füllen. Die Bratensoße ist ein Produkt von Gies & Co.; Mijnheer Kugler findet keine Abfüller, und wenn wir es machen, ist es auch viel billiger. Es ist eine Arbeit, wie sie auch Leute in Gefängnissen machen müssen, ausgesprochen öde, es wird einem schwummrig davon, und man muss immerzu lachen.

Draußen ist es schrecklich, Tag und Nacht werden die armen Menschen fortgeschleppt, mit nichts als einem Rucksack und ein bisschen Geld. Diese Besitztümer werden ihnen unterwegs auch noch abgenommen. Die Familien werden auseinandergerissen, Männer, Frauen und Kinder werden getrennt. Kinder, die aus der Schule kommen, finden ihre Eltern nicht mehr. Frauen, die einkaufen gehen, finden bei der Rückkehr ihre Wohnung versiegelt vor, ihre Familie ist verschwunden.

Die niederländischen Christen haben auch schon Angst, ihre Söhne werden nach Deutschland geschickt, alle fürchten sich. Und jede Nacht kommen Hunderte Flieger über die Niederlande, fliegen zu den deutschen Städten und durchpflügen dort die Erde mit ihren Bomben, und jede Stunde fallen in Russland und Afrika Hunderte, sogar Tausende Menschen. Niemand kann sich fernhalten, der ganze Erdball führt Krieg, und obwohl es für die Alliierten besser läuft, ist ein Ende noch nicht in Sicht.

Und wir, wir haben es gut, ja besser als Millionen andere, wir sind noch geschützt und geborgen und essen sozusagen unser Geld auf. Wir sind so egoistisch, dass wir über »nach dem Krieg« sprechen, uns über neue Kleider und Schuhe freuen, obwohl wir eigentlich jeden Cent sparen müssten, um nach dem Krieg den anderen Menschen zu helfen und zu retten, was noch zu retten ist. Die Kinder hier laufen in dünnen Sachen und mit Holzschuhen an den Füßen umher, kein Mantel, keine Mütze, keine Strümpfe und keiner, der ihnen hilft. Sie haben nichts im Magen, sondern kauen auf einer Mohrrübe herum, gehen aus ihrer kalten Wohnung auf die kalte Straße und kommen in der Schule in ein noch kälteres Klassenzimmer. Ja, es ist mit Holland sogar so weit gekommen, dass viele Kinder die Passanten auf der Straße um ein Stück Brot anbetteln. Ich könnte Dir noch stundenlang von dem Elend berichten, das der Krieg mit sich bringt, doch das bedrückt mich selbst nur noch mehr. Uns bleibt nichts anderes übrig, als so ruhig wie nur möglich das Ende dieser Misere abzuwarten. Sowohl die Juden wie die Christen wie der ganze Erdball warten, und viele warten auf ihren Tod.

Deine Anne.

Samstag, 30. Januar 1943

Liebe Kitty,

ich dampfe vor Wut und darf es nicht zeigen, ich möchte gern mit dem Fuß aufstampfen, losbrüllen, Mutter mal tüchtig durchschütteln, heulen und was weiß ich – wegen der hässlichen Worte, der spöttischen Blicke, der Anschuldigungen, die mich wie

Pfeile von einem straff gespannten Bogen jeden Tag aufs Neue treffen und so schwer aus meinem Körper herauszuziehen sind. Ich möchte Mutter, Margot, die van Pels, Pfeffer und auch Vater anschreien: »Lasst mich in Ruhe, lasst mich endlich eine Nacht schlafen, ohne dass mein Kissen nass von Tränen ist, meine Augen brennen und mein Kopf vor Schmerz hämmert. Lasst mich fort, fort von allem, am liebsten fort von der Welt!«

Aber ich kann es nicht, ich kann ihnen meine Verzweiflung nicht zeigen, ich kann ihnen keinen Blick auf die Wunden erlauben, die sie mir zugefügt haben, ich könnte das Mitleid und den gutmütigen Spott nicht ertragen, auch dann noch müsste ich laut schreien.

Alle finden mich überkandidelt, wenn ich rede, lächerlich, wenn ich schweige, frech, wenn ich eine Antwort gebe, durchtrieben, wenn ich eine gute Idee habe, faul, wenn ich müde bin, egoistisch, wenn ich einen Happen zu viel esse, dumm, feige, berechnend usw. usw. Den ganzen Tag höre ich nichts anderes, als dass ich eine unausstehliche Göre bin, und obwohl ich darüber lache und so tue, als wäre es mir egal, macht es mir doch etwas aus, und ich würde Gott gern darum bitten, mir eine andere Natur zu geben, die nicht alle Menschen gegen mich aufbringt.

Es geht nicht, meine Natur wurde mir mitgegeben, und ich kann nicht schlecht sein, das fühle ich. Ich strenge mich mehr an, es allen recht zu machen, als sie auch nur im Entferntesten ahnen, ich versuche, oben zu lachen, weil ich ihnen meinen Kummer nicht zeigen will.

Mehr als einmal habe ich Mutter nach einer Reihe von grundlosen Vorwürfen an den Kopf geworfen: »Ist mir doch schnuppe, was du sagst, zieh nur deine Hand ganz von mir ab, ich bin sowieso ein hoffnungsloser Fall.«

Ich bekam dann natürlich zu hören, dass ich frech sei, wurde zwei Tage lang kaum beachtet, und dann war auf einmal alles wieder vergessen, und ich wurde behandelt wie jeder andere.

Es ist mir nicht möglich, den einen Tag katzenfreundlich zu sein und ihnen am nächsten Tag meinen Hass ins Gesicht zu schleudern, lieber gehe ich den goldenen Mittelweg, der gar nicht golden ist, und halte den Mund über das, was ich denke, und versuche, ihnen einmal genauso geringschätzig zu begegnen, wie sie mir begegnen. Ach, wenn ich das nur könnte.

Deine Anne.

Freitag, 5. Februar 1943

Liebe Kitty,

obwohl ich Dir lange nichts mehr von den Streitigkeiten erzählt habe, hat sich daran nichts geändert. Mijnheer Pfeffer hat die schnell vergessenen Zänkereien anfangs noch tragisch genommen, aber nun gewöhnt er sich schon daran und versucht nicht mehr zu schlichten.

Margot und Peter sind kein bisschen das, was man »jung« nennt, beide sind so langweilig und still. Ich steche da furchtbar heraus und kriege immer zu hören: »Margot und Peter tun das auch nicht, nimm dir mal ein Beispiel an deiner lieben Schwester.« Schrecklich finde ich das. Ich gestehe, dass ich überhaupt nicht so werden will wie Margot, sie ist mir viel zu lau und gleichgültig, lässt sich von jedem umstimmen und gibt bei allem nach. Ich will, dass mein Charakter standhafter ist! Solche Theorien behalte ich jedoch für mich, sie würden mich fürchterlich auslachen, wenn ich mit so einer Verteidigung ankäme.

Beim Essen ist die Stimmung meist angespannt, zum Glück werden die Ausbrüche manchmal von den Suppen-Essern verhindert. Die Suppen-Esser sind alle, die von unten kommen für eine Tasse Suppe. Heute Mittag fing van Pels wieder davon an, dass Margot so wenig isst. »Bestimmt, um die schlanke Linie zu halten«, fuhr er in spöttischem Ton fort.

Mutter, die immer für Margot Partei ergreift, sagte mit lauter Stimme: »Ich kann Ihr dummes Geschwätz nicht mehr hören.«

Mevrouw wurde feuerrot, Mijnheer blickte vor sich hin und schwieg.

Oft lachen wir auch über den einen oder anderen, erst kürzlich hat Mevrouw herrlichen Unsinn verzapft. Sie hat von früher erzählt, wie gut sie sich mit ihrem Vater verstanden hat und wie viel sie geflirtet hat. »Und wissen Sie«, fuhr sie fort, »wenn ein Mann ein bisschen handgreiflich wird, sagte mein Vater, dann musst du zu ihm sagen, ›Mein Herr, ich bin eine Dame‹, er weiß dann schon, was du meinst.« Wir haben schallend gelacht wie über einen guten Witz.

Auch Peter, so still er meistens ist, gibt uns hin und wieder einen Grund zum Lachen. Zu seinem Unglück ist er wild auf Fremdwörter, kennt ihre Bedeutung jedoch nicht. Als wir an einem Nachmittag wegen Besuchern im Büro nicht auf die Toilette gehen konnten, musste er trotzdem dringend, zog aber nicht ab. Um uns nun vor einem nicht gerade angenehmen Geruch zu warnen, befestigte er an der Tür ein kleines Pappschild, auf dem stand: »S. V. P. Gas«. Er wollte natürlich mitteilen »Vorsicht, Gas«, fand S. V. P. aber vornehmer. Dass es »bitte sehr« bedeutet, davon hatte er keinen Dunst.

Deine Anne.

Samstag, 27. Februar 1943

Liebe Kitty,

Pim hofft jeden Tag auf die Invasion. Churchill hatte eine Lungenentzündung, langsam geht es ihm wieder besser. Gandhi, der indische Freiheitskämpfer, macht seinen zigsten Hungerstreik. Mevrouw behauptet, eine Fatalistin zu sein. Wer hat am meisten Angst, wenn geschossen wird? Niemand anders als Gusti. Jan hat uns den Hirtenbrief der Bischöfe an die Kirchgänger mitgebracht; es war ungeheuer schön und mitreißend formuliert. »Bleibt nicht untätig, Niederländer, ein jeder kämpfe mit seinen eigenen Waffen für die Freiheit von Land, Volk und Glauben! Helft, gebt, zaudert nicht!« Das verkünden sie einfach von der Kanzel. Ob es hilft? Unseren Glaubensgenossen ganz gewiss nicht.

Stell Dir vor, was uns nun wieder passiert ist! Der Eigentümer dieses Gebäudes hat das Haus verkauft, ohne Kugler und Kleiman zu informieren. Eines Morgens kam der neue Eigentümer mit einem Architekten, um das Haus zu besichtigen; zum Glück war Mijnheer Kleiman anwesend und hat den Herren alles gezeigt außer unserem Hinterhäuschen, er hatte angeblich den Schlüssel der Zwischentür zu Hause vergessen. Der neue Eigentümer hat nicht weiter nachgefragt.

Hoffentlich kommt er nicht wieder und will sich das Hinterhaus doch noch ansehen, dann sieht es böse für uns aus.

Vater hat für Margot und mich einen Karteikasten geleert und Karten hineingetan, die auf einer Seite noch nicht beschriftet sind. Das wird die Bücherkartei, wir schreiben nämlich beide auf, welche Bücher wir gelesen haben, wer sie verfasst hat und dazu das Datum.

Neue Butter- oder Margarine-Aufteilung. Jeder kriegt sein Stückchen Aufstrich auf den Teller. Die Aufteilung ist sehr unfair. Die van Pels, die immer das Frühstück machen, geben sich selber anderthalbmal so viel wie uns. Meine alten Herrschaften haben viel zu viel Angst vor Streit, um sich darüber zu beschweren. Schade, ich finde, solchen Leuten muss man es immer mit gleicher Münze heimzahlen.

Deine Anne.

Donnerstag, 4. März 1943

Liebe Kitty,

Mevrouw hat einen neuen Namen, wir nennen sie Mrs Beaverbrook. Die Bedeutung kapierst Du natürlich nicht, ich werd's Dir sagen: Im englischen Sender spricht oft ein Mr Beaverbrook über die viel zu laschen Bombardements auf Deutschland. Mevrouw van Pels widerspricht ständig jedem, sogar Churchill und der Rundfunk-Nachrichtenschicht, doch mit Mister Beaverbrook ist sie ganz einer Meinung. Wir hielten es deshalb für das Beste, dass sie Mister Beaverbrook heiratet, und da sie sich davon geschmeichelt fühlte, heißt sie künftig eben Mrs Beaverbrook.

Wir bekommen einen neuen Lagerarbeiter, der alte muss nach Deutschland, bedauerlich, aber gut für uns, weil ein neuer das Haus nicht kennt. Vor den Lagerarbeitern haben wir immer noch Angst.

Gandhi isst wieder. Der Schwarzmarkt läuft auf Hochtouren. Wir könnten uns dick und rund essen, wenn wir das Geld hätten, um die unmöglichen Preise zu bezahlen. Brouwer hat kürzlich im Zug ein Pfund Butter gekauft, unser Gemüsehändler kauft die Kartoffeln von der Wehrmacht und bringt sie in Säcken ins Privatbüro. Er weiß, dass wir uns verstecken, und kommt deshalb auch immer schön in der Mittagspause, wenn niemand im Magazin ist.

Wir können nicht atmen, ohne zu niesen und zu husten, so viel Pfeffer wird durch die Mühlen gedreht. Jeder, der heraufkommt, begrüßt uns mit hatschi, Mevrouw sagt, dass sie nicht nach unten geht, weil sie krank würde, wenn sie noch mehr Pfeffer riecht.

Ich finde Vaters Geschäft überhaupt nicht schön, nichts als Geliermittel und scharfer Pfeffer. Wenn jemand schon Lebensmittelhändler ist, sollte es doch auch was zu naschen geben!

Heute Morgen ist wieder ein dröhnendes Wortgewitter über mich hereingebrochen, es blitzte nur so von den unfeinen Ausdrücken, dass mir die Ohren klangen vor lauter »Anne nichts als schlecht« und »van Pels nichts als gut« Donnerwetterwetter.

Deine Anne.

Mittwoch, 10. März 1943

Liebe Kitty,

gestern Abend hatten wir einen Kurzschluss, außerdem ballerten sie ununterbrochen. Meine Angst vor allem, was Schießen oder Flieger ist, habe ich mir noch nicht abgewöhnt, und ich liege fast jede Nacht bei Vater im Bett, um dort Trost zu finden. Vielleicht ist das ja sehr kindisch, aber Du müsstest es mal miterleben, man versteht sein eigenes Wort nicht mehr, so donnern die Geschütze. Mrs Beaverbrook, die Fatalistin, fing fast an zu weinen und sagte mit einer ganz dünnen Stimme: »Oh, das ist so unangenehm, oh, sie schießen so heftig.« Das heißt: »Ich habe solche Angst!« Bei Kerzenlicht erschien es noch nicht mal so schlimm wie dann, als es dunkel war; ich fröstelte, als ob ich Fieber hätte, und flehte Vater an, die Kerze wieder anzuzünden. Er ließ sich nicht erweichen, das Licht blieb aus. Plötzlich schossen Maschinengewehre, das ist noch zehnmal gruseliger als Geschütze, Mutter sprang aus dem Bett und steckte zu Pims großem Ärger die Kerze an. Mutters resolute Antwort auf sein Gemurre war: »Anne ist doch kein alter Soldat.« Damit basta.

Habe ich Dir von Mevrouws anderen Ängsten erzählt? Ich glaube nicht. Damit Du in alle Hinterhausabenteuer eingeweiht bist, musst Du auch das wissen. Mevrouw hörte eines Nachts Diebe auf dem Dachboden, sie nahm echte laute Schritte wahr und bekam solche Angst, dass sie ihren Mann weckte, genau in dem Augenblick verschwanden die Diebe, und der Lärm, den

Mijnheer noch hörte, war das Pochen des bangen Herzens der Fatalistin.

»Ach, Putti (Mijnheers Kosename), sie haben sicher die Würste und alle unsere Hülsenfrüchte mitgenommen und Peter, oh, ob Peter wohl noch in seinem Bett liegt?«

»Peter haben sie bestimmt nicht geklaut, mach dich nicht verrückt und lass mich schlafen.«

Aber daraus wurde nichts, Mevrouw schlief vor Angst nicht mehr ein. Ein paar Nächte darauf wurde die ganze Familie oben von dem Geisterlärm geweckt. Peter ging mit einer Taschenlampe auf den Dachboden und rrt, was flitzte da weg? Ein Haufen großer Ratten!

Nachdem wir wussten, wer die Diebe waren, ließen wir Mouschi auf dem Dachboden schlafen, und die ungebetenen Gäste kamen nicht mehr wieder ... jedenfalls nicht nachts. Vor ein paar Tagen ging Peter abends auf den Spitzboden (es war erst halb acht und noch Tageslicht), um ein paar alte Zeitungen zu holen. Beim Runterklettern musste er sich gut an der Luke festhalten, er legte ohne hinzusehen die Hand nieder und ... fiel fast vor Schreck und Schmerz die Treppe runter. Ohne es zu wissen, hatte er die Hand auf eine große Ratte gelegt, die ihn fest in den Arm biss. Das Blut sickerte durch seinen Schlafanzug, als er weiß wie ein Handtuch und mit zitternden Knien zu uns kam. Kein Wunder, eine große Ratte zu streicheln, ist nicht gerade schön, und dann noch einen Biss abzukriegen, ist schrecklich.

Deine Anne.

Freitag, 12. März 1943

Liebe Kitty,

darf ich vorstellen: Mama Frank, Vorkämpferin für die Kinder!

Eine Extraportion Butter für die Jugendlichen, Probleme der modernen Jugend, bei allem setzt sich Mutter für die Jugend ein und kriegt nach einem Quantum Streit fast immer ihren Willen.

Ein Glas eingemachte Zunge ist verdorben. Festmahl für Mouschi und Moffi.

Moffi kennst Du noch gar nicht, dabei war sie schon in der Firma, bevor wir ins Versteck gegangen sind. Sie ist die Magazin- und Bürokatze und hält im Lagerraum die Ratten fern. Auch für ihren politischen Namen gibt es eine einfache Erklärung. Eine Zeit lang hatten Gies & Co. zwei Katzen, eine fürs Lager und eine für den Dachboden. Es kam schon mal vor, dass sich die beiden begegneten, das hatte immer große Kämpfe zur Folge. Der Lagerist war stets derjenige, der angriff, aber am Ende siegte dann doch das Dachbodentier. Wie in der Politik, also hieß die Magazinkatze der Deutsche oder Moffi und die Dachbodenkatze der Engländer oder Tommy. Tommy wurde später abgeschafft, und Moffi dient uns allen zur Unterhaltung.

Wir haben so viele braune und weiße Bohnen gegessen, dass ich sie nicht mehr sehen kann. Wenn ich nur daran denke, wird mir übel.

Die abendliche Brotausgabe wurde völlig eingestellt. Schreckliche Bombenangriffe auf Deutschland. Mijnheer van Pels hat schlechte Laune, der Grund: Zigarettenknappheit. Diskussion über die Frage, Konservendosen aufessen ja oder nein, wurde zugunsten unserer Partei entschieden.

Kein Schuh passt mir mehr, nur noch hohe Skischuhe, die im Haus sehr unpraktisch sind. Ein paar Strohsandalen für 6,50 Gulden konnte ich nur eine Woche lang tragen, dann versagten sie den Dienst. Vielleicht treibt Miep was auf dem Schwarzmarkt auf.

Ich muss Vater noch die Haare schneiden; Pim beteuert, dass er nach dem Krieg nie mehr zu einem anderen Friseur gehen wird, so gut mache ich meine Sache.

Wenn ich nur nicht so oft sein Ohr mitschneiden würde!

Deine Anne.

Donnerstag, 18. März 1943

Liebste Kitty,

die Türkei im Krieg. Große Aufregung. Erwarten gespannt die Radionachrichten.

Freitag, 19. März 1943

Liebe Kitty,

die Enttäuschung folgte schon nach einer Stunde auf die Freude und holte Letztere ein. Die Türkei ist noch nicht im Krieg, der dortige Minister sprach nur von einer baldigen Aufhebung der Neutralität. Auf dem Dam stand ein Zeitungsverkäufer, der schrie: »Die Türkei an der Seite Englands!« Die Zeitungen wurden ihm deshalb aus den Händen gerissen. So hat das erfreuliche Gerücht auch uns erreicht.

Die Tausendguldenscheine werden für ungültig erklärt; das ist ein harter Schlag für alle Schwarzhändler und dergleichen, aber noch mehr für anderes Schwarzgeld oder für Versteckte. Wer eine Tausendguldennote einwechseln will, muss genau erklären und nachweisen, wie er darangekommen ist.

Steuern dürfen damit noch bezahlt werden, aber auch das läuft nächste Woche aus. Die Fünfhundertguldenscheine sind zur gleichen Zeit verfallen. Gies & Co. hatten noch Schwarzgeld in Tausendern, sie haben für eine ganze Zeit die Steuern im Voraus bezahlt, auf die Art war alles sauber. Pfeffer hat einen

Tretbohrer bekommen, mir steht dann wohl demnächst eine gründliche Kontrolluntersuchung bevor.

Pfeffer ist ansonsten schrecklich ungehorsam gegenüber den Versteckregeln, er schreibt nicht nur Briefe an seine Frau, sondern korrespondiert auch unbekümmert mit verschiedenen anderen Leuten. Margot, der Lehrerin für Hinterhaus-Niederländisch, gibt er die Briefe, die auf Holländisch geschrieben sind, zum Korrigieren. Vater hat ihm streng verboten, damit weiterzumachen, Margots Korrekturen haben aufgehört, aber ich für mich glaube, dass er mit dem Schreiben bald wieder anfängt.

Der *Führer aller Germanen* hat vor verwundeten Soldaten gesprochen. Es war erbärmlich anzuhören. Frage und Antwort gingen ungefähr so:

»Heinrich Scheppel mein Name.«

»Wo verwundet?«

»Bei Stalingrad.«

»Was verwundet?«

»Zwei abgefrorene Füße und ein Gelenkbruch am linken Arm.«

Genau so gab das Radio dieses schreckliche Marionettentheater an uns weiter. Die Verwundeten schienen richtig stolz zu sein auf ihre Verwundungen, je mehr, desto besser. Einer brachte vor lauter Rührung, dass er dem *Führer* die Hand geben durfte (sofern er die noch hatte), kaum ein Wort heraus.

Mir ist Pfeffers Schwimmseife auf den Boden gefallen. Ich bin draufgetreten und jetzt ist ein ganzes Stück ab. Ich habe Vater schon im Voraus gebeten, den Schaden zu ersetzen, zumal Pfeffer nicht mehr als ein Stück Seife pro Monat bekommt.

Deine Anne.

Donnerstag, 25. März 1943

Liebe Kitty,

Mutter, Vater, Margot und ich saßen gestern Abend ganz behaglich beisammen; auf einmal kam Peter herein und flüsterte Vater etwas ins Ohr, ich hörte was von »ein Fass umgefallen im Lager« und »jemand an der Tür gerüttelt«. Margot hatte das auch verstanden, versuchte aber, mich noch ein bisschen zu beruhigen, denn ich war natürlich kreidebleich und sehr nervös.

Wir drei warteten ab; Vater war inzwischen mit Peter nach unten gegangen, und keine zwei Minuten später kam Mevrouw van Pels vom Radio nach oben, sie erklärte, Pim habe sie gebeten, das Radio abzustellen und leise hochzugehen. Doch wie das so ist, gerade dann, wenn man ganz leise gehen will, knarren die Stufen einer alten Treppe doppelt so laut. Noch mal fünf Minuten später kamen Peter und Pim, weiß bis an die Nasenspitze, und erzählten uns, was sie erlebt hatten: Sie hatten sich unten an der Treppe hingesetzt und gewartet, umsonst, doch auf einmal, ja wirklich, hörten sie zwei laute Schläge, als seien hier im Haus zwei Türen zugeknallt worden; Pim war mit einem Satz oben, Peter warnte erst noch Pfeffer, der mit viel Gewese und Lärm endlich auch oben ankam. Jetzt ging es auf Strümpfen eine Etage höher zur Van-Pels-Familie. Mijnheer war stark erkältet und lag schon im Bett, also versammelten wir uns alle um sein Lager und flüsterten uns unsere Vermutungen zu.

Jedes Mal, wenn Mijnheer laut hustete, dachten Mevrouw und ich, wir würden vor Angst umkippen; das ging so lange, bis jemand auf die glorreiche Idee kam, ihm Codein zu verabreichen, der Husten ließ auch sofort nach.

Wieder warteten und warteten wir, aber es war nichts mehr zu hören, und nun nahmen wir eigentlich alle an, die Diebe hätten, weil sie Schritte im sonst so stillen Haus gehört hatten, das Weite gesucht. Unglücklicherweise war das Radio unten noch auf

England eingestellt, und die Stühle standen auch noch ordentlich drum herum; falls nun vielleicht die Tür aufgebrochen worden war und der Luftschutzdienst das bemerken und die Polizei benachrichtigen würde, könnte die Sache sehr unangenehme Folgen nach sich ziehen. Also stand Mijnheer van Pels auf, zog Hose und Jacke an, setzte einen Hut auf und ging hinter Vater her sehr vorsichtig die Treppe hinunter, gefolgt von Peter, der sich zur Sicherheit mit einem schweren Hammer bewaffnet hatte. Die Frauen oben (einschließlich Margot und mir) warteten mit Spannung, bis fünf Minuten später die Männer oben erschienen und sagten, dass es im ganzen Haus ruhig sei. Wir sprachen ab, kein Wasser laufen zu lassen und auf der Toilette nicht abzuziehen; aber weil die Aufregung fast allen auf den Magen geschlagen war, kannst Du Dir vorstellen, was für ein Gestank dort herrschte, nachdem wir alle nacheinander unser Geschäft verrichtet hatten. Wenn so was passiert, kommen immer eine Menge Dinge zusammen, so auch jetzt, Nr. 1 war, dass die Westerturm-Glocken nicht spielten, die uns immer so ein beruhigendes Gefühl geben, und dass Mijnheer Voskuijl am Abend früher als sonst nach Hause gegangen war und wir nicht genau wussten, ob Bep sich den Schlüssel noch hatte geben lassen und vielleicht vergessen hatte, die Tür abzuschließen. Aber in diesem Moment kam es darauf nicht so sehr an, es war noch immer Abend, und wir waren noch im Ungewissen; obgleich doch wieder ein bisschen beruhigt, da wir schon seit Viertel nach acht, als der Dieb unser Haus unsicher gemacht hatte, bis halb elf nichts mehr gehört hatten. Es erschien uns bei näherer Betrachtung denn auch sehr unwahrscheinlich, dass ein Dieb so früh am Abend, wenn noch Leute auf der Straße unterwegs sein können, eine Tür aufgebrochen haben sollte. Außerdem kam einer von uns auf den Gedanken, dass möglicherweise ja der Lagermeister unserer Nachbarn, der Firma Keg, noch bei der Arbeit war, denn in der Aufregung und bei unseren dünnen Wänden kann man sich leicht in den Geräuschen täuschen, und auch die Einbildung spielt in solchen heiklen Augenblicken meist eine große Rolle.

Wir legten uns also in unsere Betten, aber der Schlaf wollte nicht bei allen kommen, Vater und Mutter und Mijnheer Pfeffer lagen viel wach, und ich kann mit ein bisschen Übertreibung wohl sagen, dass ich kein Auge zugemacht habe.

Heute Morgen sind die Männer nach unten gegangen und haben überprüft, ob die Haustür noch abgeschlossen war, aber alles war sicher!

Natürlich wurden die Geschehnisse, so unangenehm sie waren, dem ganzen Büro in aller Breite geschildert, denn hinterher kann man über so was leicht lachen, und nur Bep hat uns ernst genommen.

Deine Anne.

PS: Die Toilette war heute Morgen arg verstopft, und Vater musste alle Erdbeerrezepte (unser derzeitiges Klopapier) und ein paar Kilo Kacke mit einem langen Holzstock herauspolken. Der Stock wurde später ins Feuer gehalten.

Deine Anne.

Samstag, 27. März 1943

Liebe Kitty,

der Stenokurs ist geschafft, ab jetzt üben wir Schnelligkeit, wie tüchtig wir werden! Außerdem will ich Dir noch was über meine Tagtotschlagfächer (das nenne ich so, weil wir nichts anderes tun, als die Tage so schnell wie nur möglich verstreichen zu lassen, damit das Ende der Versteckzeit schnell näher kommt) erzählen. Ich bin versessen auf Mythologie und dabei am meisten auf die griechischen und römischen Götter. Hier glauben sie, dass das nur vorübergehende Neigungen sind, sie haben noch nie von einem Backfisch mit Götter-Faible gehört. Nun denn, dann bin ich die Erste!

Mijnheer van Pels ist erkältet, oder vielmehr: Er hat ein bisschen Halskratzen. Er veranstaltet ein riesiges Tamtam. Gurgeln mit Kamillentee, Gaumen einpinseln mit Myrrhentinktur, Dampo-Balsam auf Brust, Nase, Zähne und Zunge und obendrein noch schlechte Laune!

Rauter, irgend so ein hoher Mof, hat eine Rede gehalten. »Alle Juden müssen bis 1. Juli die germanischen Länder verlassen haben. Vom 1. März bis Juni die Provinzen: Vom 1. April bis 1. Mai wird die Provinz Utrecht gesäubert (als ob es Kakerlaken wären), vom 1. Mai bis 1. Juni die Provinzen Nord- und Südholland.« Wie eine Herde armes, krankes und verwahrlostes Vieh werden diese armen Menschen zu den schmutzigen Schlachtstätten geführt. Aber darüber schweige ich besser, ich bekomme nur Albträume von meinen eigenen Gedanken!

Noch eine erfreuliche Nachricht ist, dass die deutsche Abteilung des Arbeitsamts durch Sabotage in Brand gesteckt wurde. Ein paar Tage darauf folgte das Einwohnermeldeamt. Männer in der Uniform der deutschen Polizei haben die Wachtposten geknebelt und wichtige Papiere hopsgehen lassen.

Deine Anne.

Donnerstag, 1. April 1943

Liebe Kitty,

wirklich keine Scherzstimmung (siehe Datum), im Gegenteil, heute kann ich mit Recht das Sprichwort zitieren: »Ein Unglück kommt selten allein.« Erstens hat unser Aufmunterer, Mijnheer Kleiman, gestern eine schlimme Magenblutung bekommen und muss mindestens drei Wochen das Bett hüten. Du musst wissen, dass Mijnheer Kleiman oft an Magenblutungen leidet, gegen die anscheinend kein Kraut gewachsen ist.

Zweitens hat Bep Grippe. Drittens muss Mijnheer Voskuijl nächste Woche ins Krankenhaus. Er hat wahrscheinlich ein Magengeschwür und muss daran operiert werden. Und viertens kamen die Direktoren der Pomosin-Werke aus Frankfurt, um die neuen Opekta-Lieferungen zu besprechen; alle Punkte dieser Besprechung hatte Vater mit Kleiman beredet, Mijnheer Kugler konnte auf die Schnelle nicht so gut instruiert werden.

Die Frankfurter Herren kamen, Vater zitterte schon im Voraus über den Ausgang der Besprechung. »Könnte ich doch dabei sein, wäre ich doch unten«, sagte er aufgeregt. »Dann leg dich hin mit dem Ohr am Boden, die Herren kommen doch ins Privatbüro, dann kannst du alles hören.« Vaters Miene hellte sich auf, und gestern Vormittag um halb elf nahmen Margot (zwei Ohren hören mehr als eins!) und Pim ihre Stellung auf dem Fußboden ein. Die Besprechung war vormittags nicht zu Ende, aber nachmittags war Vater nicht in der Lage, die Lauschkampagne fortzusetzen, er war wie gerädert durch die ungewohnte und anstrengende Haltung. Ich nahm seinen Platz ein, als wir um halb drei Stimmen im Flur hörten. Margot leistete mir Gesellschaft; das Gespräch war zum Teil so weitschweifig und langweilig, dass ich plötzlich auf dem harten, kalten Linoleumboden eingeschlafen war. Margot traute sich nicht, mich anzustupsen, aus Angst, unten könnten sie uns hören, und Rufen ging gar nicht. Ich schlief eine gute halbe Stunde, wachte dann erschrocken auf und hatte alles von der wichtigen Besprechung vergessen. Zum Glück hatte Margot besser aufgepasst.

Freitag, 2. April 1943

Liebe Kitty,

ach, es steht wieder was Schreckliches in meinem Sündenregister.

Gestern Abend lag ich im Bett und wartete darauf, dass Vater mit mir beten und mir Gute Nacht sagen würde, als Mutter ins Zimmer kam, sich auf mein Bett setzte und ganz bescheiden fragte: »Anne, Papi kommt noch nicht, sollen wir nicht einmal zusammen beten?«

»Nein, Mansa«, antwortete ich.

Mutter stand auf, blieb kurz neben meinem Bett stehen, ging dann langsam zur Tür. Mit einem Mal drehte sie sich um und sagte mit verzerrtem Gesicht: »Ich will dir nicht böse sein. Liebe lässt sich nicht erzwingen!« Ein paar Tränen rannen über ihr Gesicht, als sie zur Tür hinausging.

Ich blieb still liegen und fand es sofort schäbig von mir, dass ich sie so grob zurückgestoßen hatte, aber ich wusste auch, dass ich nichts anderes hätte antworten können. Ich kann nicht so heucheln und gegen meinen Willen mit ihr beten. Es ging einfach nicht. Ich hatte Mitleid mit Mutter, sehr, sehr viel Mitleid, denn ich habe zum ersten Mal im Leben gemerkt, dass meine kühle Haltung sie nicht gleichgültig lässt. Ich habe den Kummer in ihrem Gesicht gesehen, als sie von der Liebe sprach, die sich nicht erzwingen lässt. Es ist hart, die Wahrheit auszusprechen, doch es ist nun einmal die Wahrheit, dass sie selbst mich von sich gestoßen hat, dass sie mich für jede Liebe von ihrer Seite abgestumpft hat durch ihre taktlosen Bemerkungen, ihre groben Scherze über Dinge, über die ich niemals Witze machen würde. So, wie ich jedes Mal zusammenzucke, wenn sie mich mit ihren harten Worten verletzt, so zuckte ihr Herz zusammen, als sie merkte, dass die Liebe zwischen uns wirklich verschwunden war.

Sie hat die halbe Nacht geweint und die ganze Nacht schlecht geschlafen. Vater sieht mich nicht an, und wenn er es doch für einen Moment macht, lese ich in seinen Augen die Worte: »Wie kannst du so garstig sein, wie kannst du es wagen, deiner Mutter solchen Kummer zu bereiten!«

Alle haben erwartet, dass ich um Entschuldigung bitte, aber das ist eine Sache, für die ich nicht um Entschuldigung bitten kann, denn ich habe etwas gesagt, das wahr ist und das Mutter früher oder später sowieso wissen muss. Ich wirke und bin gleichgültig gegenüber Mutters Tränen und Vaters Blick, weil sie beide zum ersten Mal etwas spüren von dem, was ich ständig wahrnehme. Ich kann nur Mitleid haben mit Mutter, die selbst wieder ihre Fassung zurückgewinnen muss. Ich für mich schweige weiter und bin kühl und scheue auch künftig nicht vor der Wahrheit zurück, denn je länger sie unausgesprochen bleibt, desto schwerer ist sie anzuhören!

Deine Anne.

Dienstag, 27. April 1943

Liebe Kitty,

das ganze Haus dröhnt vom Gezanke. Mutter und ich, Mijnheer van Pels und Papa, Mutter und Mevrouw, alle sind böse aufeinander, tolle Stimmung, nicht wahr? Annes übliches Sündenregister kam wieder mal in vollem Umfang aufs Tapet.

Letzten Samstag waren die ausländischen Herren wieder zu Besuch. Sie blieben bis sechs Uhr, wir hockten alle oben und wagten nicht, uns zu rühren. Wenn sonst niemand hier im Haus oder in den Nachbarhäusern bei der Arbeit ist, hört man im Privatbüro jeden Schritt. Ich habe wieder das Sitzfieber, so lange mäuschenstill zu sitzen, ist wirklich schlimm.

Mijnheer Voskuijl liegt schon im *Binnengasthuis,* Mijnheer Kleiman ist wieder im Büro, die Magenblutung konnte rascher als sonst gestillt werden. Er hat erzählt, dass das Einwohnermeldeamt noch mal zusätzlich von der Feuerwehr demoliert wurde, statt das Feuer zu löschen, haben sie alles unter Wasser gesetzt. Freut mich sehr!

Das Carlton Hotel ist kaputt, zwei englische Flugzeuge mit einer großen Ladung Brandbomben an Bord sind genau überm »Offiziersheim« abgestürzt. Die ganze Ecke Vijzelstraat/Singel ist abgebrannt. Die Luftangriffe auf deutsche Städte werden von Tag zu Tag heftiger. Wir haben keine Nacht mehr Ruhe, ich habe dunkle Ringe unter den Augen wegen des Schlafmangels.

Unser Essen ist miserablement. Frühstück mit trockenem Brot, Muckefuck, Mittagessen schon seit vierzehn Tagen: Spinat oder Salat. Die Kartoffeln, von zwanzig Zentimeter Länge, schmecken süßlich und verfault.

Wer abnehmen möchte, logiere im Hinterhaus! Oben jammern und klagen sie, wir finden es nicht so tragisch.

Alle Männer, die 1940 gekämpft haben oder mobilisiert waren, haben einen Bescheid erhalten, dass sie in Kriegsgefangenenlagern für den *Führer* arbeiten müssen. Bestimmt eine Vorsorgemaßnahme für den Fall der Invasion!

Deine Anne.

Samstag, 1. Mai 1943

Liebe Kitty,

Pfeffer hatte Geburtstag. Vorher hat er so getan, als wollte er nichts davon wissen, aber als Miep mit einer großen Einkaufstasche kam, die von Päckchen überquoll, war er aufgeregt wie ein kleines Kind. Sein Lottchen hat ihm Eier, Butter, Kekse, Limonade, Brot, Cognac, Honigkuchen, Blumen, Apfelsinen, Schokolade, Bücher und Briefpapier geschickt. Er hat einen Geburtstagstisch aufgebaut und den ganze drei Tage lang zur Schau gestellt, der alte Blödian!

Denk nicht, dass er Hunger leidet, wir haben in seinem Schrank Brot, Käse, Marmelade und Eier gefunden. Es ist mehr als unerhört, dass er, den wir so liebevoll und nur, um ihn vor dem Untergang zu retten, hier aufgenommen haben, sich nun hinter unserem Rücken den Bauch vollschlägt und nichts abgibt. Dabei haben wir doch auch alles mit ihm geteilt!

Noch schlimmer finden wir es jedoch, dass er auch gegenüber Kleiman, Voskuijl und Bep so geizig ist, nichts kriegen sie von ihm. Die Apfelsinen, die Kleiman für seinen kranken Magen so gut gebrauchen könnte, findet Pfeffer für den eigenen Magen noch gesünder.

Heute Nacht musste ich viermal alle meine Besitztümer zusammenpacken, so heftig wurde geballert. Heute habe ich einen kleinen Koffer mit den wichtigsten Fluchtsachen gepackt. Aber Mutter sagt zu Recht: »Wohin willst du fliehen?«

Die gesamten Niederlande werden für den Streik der vielen Arbeiter bestraft. Deshalb wurde der Belagerungszustand ausgerufen, und jeder kriegt eine Buttermarke weniger. Wie unartig die Kinder doch sind!

Heute Abend habe ich Mutter die Haare gewaschen, das ist in dieser Zeit auch nicht so einfach. Wir müssen uns mit klebriger grüner Seife behelfen, weil das Shampoo alle ist, und zweitens kann Mans ihre Haare nicht richtig auskämmen, denn der Familienkamm hat nicht mehr als zehn Zähne.

Deine Anne.

Dienstag, 18. Mai 1943

Liebe Kit,

ich war Zuschauerin bei einem heftigen Luftkampf zwischen deutschen und englischen Flugzeugen. Ein paar Alliierte mussten leider aus ihrer brennenden Maschine springen. Unser Milchmann, der in Halfweg wohnt, sah am Straßenrand vier Kanadier sitzen, von denen einer fließend Holländisch sprach. Der bat den Milchmann um Feuer für seine Zigarette und erzählte ihm, die Besatzung der Maschine habe aus sechs Personen bestanden. Der Pilot sei verbrannt, und der fünfte Mann habe sich irgendwo versteckt. Die Grüne Polizei kam und ließ die vier kerngesunden Männer abholen. Wie ist es möglich, dass jemand nach so einer gewaltigen Fallschirm-Reise noch so klar im Kopf ist!

Obwohl es ziemlich warm ist, müssen wir jeden zweiten Tag die Öfen anmachen und Gemüseabfall und Müll verbrennen. In die Abfalleimer können wir nichts werfen, weil wir immer mit dem Lagerarbeiter rechnen müssen. Wie leicht verrät einen eine kleine Unvorsichtigkeit!

Alle Studenten, die in diesem Jahr entweder mit dem Studium anfangen oder weiterstudieren wollen, sollen auf einer Liste der Behörden unterschreiben, »dass sie mit allen Deutschen sympathisieren und der neuen Ordnung wohlgesonnen sind«. 80 Prozent von ihnen denken nicht im Traum daran, ihr Gewissen und ihre Überzeugung zu verleugnen, aber die Folgen sind nicht ausgeblieben. Alle Studenten, die nicht unterschrieben haben, müssen nach Deutschland in ein Arbeitslager. Was bleibt von der niederländischen Jugend noch übrig, wenn alle in Deutschland hart arbeiten müssen?

Wegen des zu lauten Geknalles hatte Mutter heute Nacht das Fenster geschlossen; ich war in Pims Bett. Plötzlich springt über uns Mevrouw aus dem Bett, als hätte Mouschi sie gebissen, gleich darauf krachte es laut. Es hörte sich an, als wäre eine Brandbombe neben meinem Bett runtergekommen. Ich schrie: »Licht, Licht!«

Pim knipste die Lampe an. Ich erwartete nichts anderes, als dass in ein paar Minuten das Zimmer lichterloh brennen würde. Nichts geschah. Wir eilten alle nach oben, um nachzuschauen, was dort vor sich ging.

Mijnheer und Mevrouw hatten durchs offene Fenster eine rosa Glut gesehen, Mijnheer hatte geglaubt, hier in der Nachbarschaft würde es brennen, und Mevrouw hatte geglaubt, unser Haus hätte Feuer gefangen. Beim darauffolgenden Krachen hatte Mevrouw schon auf ihren zitternden Beinen gestanden. Pfeffer rauchte oben noch eine Zigarette, wir anderen legten uns wieder ins Bett. Es war noch keine Viertelstunde vergangen, da ging es mit dem Schießen wieder los. Mevrouw fuhr sofort hoch und lief die Treppe runter zu Pfeffers Zimmer, um dort die Ruhe zu finden, die ihr bei ihrem Gemahl nicht beschieden war. Pfeffer empfing sie mit den Worten: »Komm in mein Bett, mein Kindchen!« Wir konnten uns vor Lachen kaum noch halten. Der Geschützdonner konnte uns nichts mehr anhaben, unsere Angst war wie weggeblasen.

Deine Anne.

Sonntag, 13. Juni 1943

Liebe Kitty,

mein Geburtstagsgedicht von Vater ist zu schön, das kann ich Dir einfach nicht vorenthalten. Weil Pim auf Deutsch dichtet, musste sich Margot ans Übersetzen machen. Urteile nach dem hier wiedergegebenen Stück selber, ob Margot die freiwillig übernommene Aufgabe nicht prima erledigt hat. Nach einer üblichen kurzen Zusammenfassung der Jahresereignisse folgt:

Als Jüngste von allen und doch nicht mehr klein,
hast du's nicht leicht mit den Schulmeisterei'n,
zu deinem Verdruss hörst du tagaus, tagein:
»Wir haben Erfahrung!« – »Lass dir was sagen.«
»Du solltest uns besser öfter fragen,
sei über unsere Ratschläge froh!«
Seit Jahr und Tag geht das nun so.

Die eigenen Fehler fallen nicht ins Gewicht,
drum geht man mit andern so streng ins Gericht.
Nur deren Fehler, die wiegen schwer.
Stets gerecht zu urteilen und fair,
ist nicht leicht für uns, dein Elternpaar.
Die Erwachsenen zu tadeln, wirkt sonderbar.
Ist man zusammen mit so vielen Alten,
muss man die ganzen Rüffel aushalten,
sie runterschlucken wie bittere Pillen,
um des lieben Friedens willen.
Die Monate gingen nicht ziellos dahin,
das hattest du auch nicht im Sinn.
Beim Lesen und Lernen im Tageslauf
kam niemals Langeweile auf.
Viel schwieriger freilich ist die Frage:
»Was soll ich anziehn? Was ich auch trage,
es ist zu eng, es ist zu kurz,
mein Hemd ist wie ein Lendenschurz.
Und dann die Schuhe, unerträglich,
die ganzen Übel sind unsäglich.«
Ja, wenn man wächst zehn Zentimeter,
passt nichts mehr, das begreift ein jeder.

Den Teil über das Essthema konnte Margot beim Übersetzen nicht in Reimform bringen, deshalb lasse ich ihn ganz weg. Gefällt Dir das Gedicht auch so gut wie mir? Außerdem wurde ich sehr verwöhnt und habe sehr schöne Sachen bekommen. Unter anderem ein dickes Buch über mein Lieblingsthema: die Mythologie von Hellas und Rom. Auch über einen Mangel an Süßigkeiten kann ich mich nicht beklagen, alle haben ihren letzten Vorrat angebrochen. Als Nesthäkchen der Versteckfamilie wurde ich wirklich mit viel mehr beehrt, als mir zusteht.

Deine Anne.

Dienstag, 15. Juni 1943

Liebe Kitty,

es ist zwar eine Menge passiert, aber ich denke meistens, dass mein ganzes uninteressantes Geschwätz Dich sehr langweilt und Du froh bist, wenn Du nicht so viele Briefe bekommst.

Ich werde Dir die Ereignisse deshalb auch nur kurz wiedergeben.

Mijnheer Voskuijl ist nicht am Magen operiert worden. Als er auf dem Operationstisch lag und sein Magen geöffnet war, haben die Ärzte gesehen, dass er lebensgefährlichen Krebs hat, der schon so weit fortgeschritten ist, dass nichts mehr operiert werden kann. Sie haben den Magen einfach wieder zugemacht, ihn drei Wochen lang im Bett behalten und ihm gutes Essen gegeben und ihn dann nach Hause geschickt. Aber sie haben dabei eine sträfliche Dummheit begangen, nämlich dem armen Mann genau zu sagen, wie es um ihn steht. Er ist nicht mehr imstande zu arbeiten, sitzt zu Hause im Kreis seiner acht Kinder und grübelt über seinen baldigen Tod. Er tut mir so furchtbar leid, und ich finde es sehr schlimm, dass wir nicht auf die Straße gehen können, sonst würde ich ihn bestimmt oft besuchen, um ihn abzulenken. Für uns ist es eine Katastrophe, dass der gute Voskuijl uns nicht mehr über alles, was im Lager passiert und zu hören ist, auf dem Laufenden hält. Er war unsere beste Hilfs- und Unterstützungskraft für die Vorsicht, er fehlt uns sehr.

Nächsten Monat sind wir an der Reihe mit der Radio-Ablieferung. Kleiman hat zu Hause noch heimlich einen Baby-Apparat, den bekommen wir als Ersatz für unseren großen Philips. Es ist wirklich schade, dass dieser schöne Kasten abgeliefert werden muss, aber ein Haus, in dem sich Leute verstecken, darf sich auf keinen Fall mutwillig die Behörden auf den Hals laden.

Das kleine Radio stellen wir natürlich oben auf. Zu illegalen Juden, illegalem Geld und illegalem Kupfer passt auch noch ein illegales Radio. Alle Leute versuchen, an einen alten Apparat zu kommen, um den statt ihrer »Mut-behalten-Quelle« abzuliefern. Es stimmt wirklich, wenn die Nachrichten von draußen immer schlechter werden, hilft das Radio mit seiner Wunderstimme, dass wir den Mut nicht verlieren und jedes Mal wieder sagen: »Kopf hoch, nur Mut, es kommen auch wieder andere Zeiten!«

Deine Anne.

Sonntag, 11. Juli 1943

Liebe Kitty,

um wieder einmal auf das Thema Erziehung zurückzukommen, kann ich Dir sagen, dass ich mir sehr viel Mühe gebe, hilfsbereit, freundlich und nett zu sein und alles so zu machen, dass aus dem Vorwurfs-Regen ein Nieselregen wird. Es ist verflixt schwer, sich gegenüber Leuten, die man nicht ausstehen kann, so mustergültig zu verhalten, wenn es einem gar nicht ernst damit ist. Aber ich merke tatsächlich, dass ich weiterkomme, wenn ich ein bisschen heuchle, statt bei meiner alten Gewohnheit zu bleiben, jedem frei heraus meine Meinung zu sagen (obwohl mich nie jemand nach meiner Meinung fragt oder Wert darauf legt). Natürlich falle ich sehr oft aus der Rolle und kann meine Wut bei Ungerechtigkeiten nicht in mich hineinfressen, sodass wieder vier Wochen lang über das frechste Mädchen der Welt hergezogen wird. Findest du nicht auch, dass ich manchmal zu bedauern bin?

Es ist nur gut, dass ich keine Nörgelliese bin, denn dann würde ich sauertöpfisch werden und meine gute Laune verlieren. Meistens betrachte ich die Rüffel von der humoristischen Seite, doch das fällt mir leichter, wenn jemand anders ausgeschimpft wird, als wenn ich es selber einstecken muss.

Außerdem habe ich (nach langem Nachdenken) beschlossen, Steno ein bisschen sausen zu lassen. Erstens, um noch mehr Zeit für meine anderen Fächer zu haben, und zweitens wegen meiner Augen, denn das ist eine schlimme Misere. Ich bin sehr kurzsichtig geworden und müsste schon lange eine Brille tragen (hu, dann sehe ich aus wie eine Eule!), aber du weißt ja, Versteckte dürfen ...

Gestern redete das ganze Haus von nichts anderem als von Annes Augen, weil Mutter vorgeschlagen hatte, Mevrouw Kleiman mit mir zum Augenarzt zu schicken. Als ich das hörte, bekam ich kurz weiche Knie, denn das ist ja kein Kinderspiel. Auf die Straße! Denk dir nur. Auf die Straße! Unvorstellbar.

Erst hatte ich furchtbare Angst, dann freute ich mich. Aber so einfach ging das nicht, denn nicht alle Instanzen, die über so einen Schritt zu entscheiden haben, waren sich so schnell einig darüber. Alle Schwierigkeiten und Risiken mussten erst auf die Waagschale gelegt werden, obwohl Miep gleich mit mir losziehen wollte. Ich holte schon mal meinen grauen Mantel aus dem Schrank, doch der war so klein, dass es aussah, als gehörte er meiner jüngsten Schwester. Der Saum wurde rausgelassen, aber er kann auch nicht mehr zugeknöpft werden. Ich bin wirklich neugierig, wie die Entscheidung ausfällt, doch ich glaube nicht, dass aus dem Plan was wird, denn inzwischen sind die Engländer auf Sizilien gelandet, und Vater ist wieder auf ein »baldiges Ende« eingestellt.

Bep gibt Margot und mir viel Büroarbeit, das nehmen wir beide sehr ernst, und für sie ist es eine große Hilfe. Korrespondenz abheften und Rechnungsbuch führen, das kann jeder, aber wir machen es besonders sorgfältig.

Miep ist ein richtiger Packesel, die rackert sich ab. Fast jeden Tag hat sie irgendwo Gemüse aufgetrieben und bringt alles in großen Einkaufstaschen auf dem Rad her. Sie ist es auch, die uns jeden Samstag fünf Bibliotheksbücher mitbringt.

Wir wünschen uns immer sehnsüchtig den Samstag herbei, weil dann die Bücher kommen, wie kleine Kinder, die sich auf ein Geschenk freuen. Normale Menschen wissen auch nicht, wie viel einem Bücher bedeuten, wenn man eingesperrt ist. Lesen, lernen und das Radio sind unsere einzigen Ablenkungen.

Deine Anne.

Freitag, 16. Juli 1943

Liebe Kitty,

schon wieder ein Einbruch, aber diesmal ein echter! Heute Morgen ging Peter wie immer um sieben Uhr ins Magazin und sah sofort, dass die Magazin- und auch die Haustür offen standen. Er sagte Pim gleich Bescheid, der stellte im Privatbüro das Radio auf Deutschland und schloss die Tür ab; zusammen gingen sie dann nach oben. Das übliche Gebot in solchen Fällen – sich nicht waschen, still sein, um acht Uhr fertig dasitzen und nicht auf die Toilette gehen – wurde wie immer streng befolgt. Alle acht waren wir froh, dass wir nachts so gut geschlafen und nichts gehört hatten. Allerdings waren wir schon ein bisschen entrüstet, als sich den ganzen Vormittag niemand oben blicken ließ und Mijnheer Kleiman uns bis halb zwölf in dieser angespannten Ungewissheit ließ. Er erzählte uns, dass die Einbrecher mit einer Brechstange die Haustür aufgestemmt und die Lagertür aufgebrochen hatten. Im Lager war allerdings nicht viel zu holen, deshalb versuchten die Diebe ihr Glück eine Etage höher. Sie haben zwei Geldkassetten mit 40 Gulden, Blankoschecks und Sparbücher und, was am schlimmsten ist, unsere ganze Zuckerzuteilung im Wert von nicht weniger als 150 Gulden gestohlen.

Das ist der *Meelcentrale* sofort gemeldet worden, damit wir vielleicht neue Marken bekommen, doch das wird nicht so einfach sein.

Mijnheer Kugler meint, dieser Einbrecher gehört zur selben Gilde wie der, der vor sechs Wochen hier war und an allen drei Türen (einer Lagertür und zwei Haustüren) versucht hat einzudringen, aber dem das damals nicht gelungen war. Der Vorfall hat wieder einige Aufregung in unser Haus gebracht, doch ohne scheint das Hinterhaus nicht auszukommen. Wir waren natürlich froh, dass die Schreibmaschinen und die Kasse in unserem Kleiderschrank in Sicherheit waren.

Deine Anne.

PS: Landung auf Sizilien. Wieder einen Schritt näher an der ...!

Montag, 19. Juli 1943

Liebe Kitty,

am Sonntag ist Amsterdam-Nord schwer bombardiert worden. Die Verheerung muss schrecklich sein, ganze Straßenzüge liegen in Trümmern, und es wird noch lange dauern, bis man all die Menschen ausgegraben hat.

Bisher gibt es zweihundert Tote und unzählige Verletzte; die Krankenhäuser sind überfüllt. Man hört von Kindern, die verloren in den schwelenden Ruinen ihre toten Eltern suchen. Mir läuft es noch kalt den Rücken hinunter, wenn ich an das dumpfe, dröhnende Donnern in der Ferne denke, das für uns ein Zeichen der nahenden Zerstörung war.

Freitag, 23. Juli 1943

Bep kann momentan wieder an Hefte kommen, vor allem an Kontenjournale und Hauptbücher, brauchbar für meine Buch führende Schwester! Andere Hefte gibt es zwar auch zu kaufen, aber frag nicht, was für welche und für wie lange. Hefte haben derzeit diese Aufschrift: »Ohne Marken erhältlich!« Wie alles, was es noch »ohne Marken« gibt, sind auch die unter aller Kanone.

So eine Kladde besteht aus zwölf Blättern grauem, schief und eng liniertem Papier. Margot überlegt, ob sie dort, wo wir unseren Stenokurs herhaben, einen Kurs in Schönschrift machen soll; ich habe ihr sehr zugeraten, es kann noch zur Verbesserung der Schrift dienen. Mutter möchte auf keinen Fall, dass ich auch mitmache, wegen meiner Augen, aber das halte ich für Unsinn. Ob ich nun das mache oder was anderes, bleibt sich doch gleich.

Wir haben uns gegenseitig gefragt, was wir als Erstes machen würden, wenn wir jemals wieder normale Menschen werden. Margot nimmt ein heißes Vollbad, Mutter will als Erstes in eine Konditorei, Vater besucht Voskuijl, und ich wüsste vor lauter Seligkeit nicht, was ich tun will!

Ich wünsche mir am meisten eine eigene Wohnung, Bewegungsfreiheit und endlich wieder Hilfe bei der Arbeit, also in die Schule! Bep könnte uns Obst besorgen. Kostet eine Kleinigkeit. Trauben 5 Gulden das Kilo, Stachelbeeren 0,70 Gulden das Pfund, 0,50 Gulden ein Pfirsich, ein Kilo Melone 1,50 Gulden. Und dann drucken sie jeden Abend mit Riesenbuchstaben in der Zeitung: »PREISTREIBEREI IST WUCHER!«

Montag, 26. Juli 1943

Liebe Kitty,

gestern war ein sehr aufwühlender Tag, und wir sind noch immer aufgeregt. Du kannst uns eigentlich fragen, welcher Tag ohne Aufregung vergeht. Morgens beim Frühstück hatten wir den ersten Voralarm, aber das konnte uns schnuppe sein, denn es bedeutet, dass Flugzeuge an der Küste sind. Nach dem Frühstück habe ich mich ein Stündchen hingelegt, weil ich schlimme Kopfschmerzen hatte, und bin dann ins Büro gegangen. Es war ungefähr zwei Uhr. Um halb drei war Margot mit ihrer Büroarbeit fertig; kaum hatte sie ihre Sachen zusammengepackt, heulten die Sirenen, also zog ich wieder mit ihr nach oben ab. Das wurde auch Zeit, denn wir waren noch keine fünf Minuten oben, als es losging mit dem heftigen Schießen, deshalb stellten wir uns in den Flur. Und tatsächlich, schon dröhnte das Haus, und die Bomben fielen. Ich presste meine Fluchttasche an mich, mehr, um mich an etwas klammern zu können, als um zu fliehen, denn wir können ja gar nicht fort, oder im schlimmsten Fall sind wir auf der Straße genauso in Lebensgefahr wie bei einem Bombenangriff. Nach einer halben Stunde ließ die Fliegerei nach, aber die Betriebsamkeit im Haus nahm zu. Peter kam von seinem Ausguck vorn auf dem Dachboden, Pfeffer war im vorderen Büro gewesen, Mevrouw hatte sich im Privatbüro sicher gefühlt, Mijnheer van Pels hatte vom Spitzboden aus zugeschaut, und wir gingen von der kleinen Diele aus auch auf verschiedene Plätze, um die Rauchsäulen über dem IJ aufsteigen zu sehen. Bald roch es überall nach Brand, und draußen sah es so aus, als herrschte dichter Nebel.

Obwohl so ein großes Feuer kein schöner Anblick ist, hatten wir es zum Glück wieder mal hinter uns und machten uns an unsere jeweiligen Beschäftigungen. Abends beim Essen: Fliegeralarm. Das Essen war lecker, doch mir verging der Appetit schon allein bei dem Geräusch. Es passierte aber nichts, und eine Dreiviertelstunde später war die Lage sicher. Der Abwasch war gerade erledigt: Fliegeralarm, Schießen, furchtbar viele Flugzeuge. »Ojemine, zweimal an einem Tag, das ist sehr viel«, dachten wir alle, aber es half nichts, wieder regnete es Bomben, diesmal auf der anderen Seite, auf »Skiphol«, wie es die Engländer aussprechen.

Die Flugzeuge stießen herab, stiegen auf, es rauschte in der Luft und war sehr gruselig, jeden Augenblick dachte ich: »Jetzt stürzt er ab, das war's für dich.«

Du kannst mir glauben, als ich um neun Uhr ins Bett ging, konnte ich meine Beine immer noch nicht gerade halten. Punkt zwölf wurde ich wach: Flugzeuge. Pfeffer zog sich gerade aus, ich störte mich nicht daran, sprang trotzdem beim ersten Schuss hellwach aus dem Bett. Bis ein Uhr nach nebenan, halb zwei ins Bett, zwei Uhr wieder zu Vater, und sie flogen und flogen immer noch. Es wurde kein Schuss mehr abgefeuert, und ich konnte wieder in mein Zimmer gehen. Um halb drei schlief ich ein.

Sieben Uhr. Mit einem Ruck saß ich aufrecht im Bett. Van Pels war bei Vater. Einbrecher, war mein erster Gedanke. »Alles«, hörte ich van Pels sagen und dachte, alles sei gestohlen worden. Aber nein, diesmal war es eine wunderbare Nachricht, etwas so Schönes haben wir seit Monaten, vielleicht in all den Kriegsjahren nicht gehört, Mussolini hat sich zurückgezogen, der Kaiser-König von Italien hat die Regierung übernommen. Wir jubelten. Nach all dem Schrecklichen von gestern endlich wieder etwas Gutes und ... Hoffnung. Hoffnung auf das Ende, Hoffnung auf den Frieden. Kugler schaute kurz herein und erzählte, dass Fokker schwer getroffen wurde. Inzwischen hatten wir heute Vormittag wieder Fliegeralarm mit überfliegenden Maschinen und noch einmal Voralarm. Ich ersticke fast in den Alarmen, bin nicht ausgeschlafen und habe keine Lust zu arbeiten, aber jetzt hält uns doch die Spannung wegen Italien wach und die Hoffnung auf das Ende des Jahres ...

Deine Anne.

Donnerstag, 29. Juli 1943

Liebe Kitty,

Mevrouw van Pels, Pfeffer und ich machten den Abwasch, und ich war, was sonst kaum vorkommt und ihnen bestimmt bald aufgefallen wäre, ungewöhnlich still.

Um Fragen aus dem Weg zu gehen, suchte ich also schnell nach einem relativ neutralen Thema und glaubte, das Buch »Henri von gegenüber« wäre für diesen Zweck gut geeignet. Aber ich hatte mich getäuscht; kriege ich mal von Mevrouw keinen aufs Dach, dann von Mijnheer Pfeffer. Es war nämlich so: Mijnheer Pfeffer hatte uns dieses Buch wärmstens empfohlen, als hervorragendes Werk. Margot und ich fanden es dagegen alles andere als hervorragend; der kleine Junge war zwar gut dargestellt, doch der Rest ... darüber schweige ich lieber. Etwas in der Art brachte ich beim Abwasch aufs Tapet und handelte mir damit eine geballte Ladung ein:

»Wie kannst du die männliche Psyche verstehen. Von einem Kind, das ist nicht so schwer. (!) Du bist viel zu jung für so ein Buch, nicht mal ein Mann mit zwanzig könnte es richtig begreifen.« (Warum hat er das Buch dann gerade Margot und mir empfohlen?) Nun redeten Pfeffer und Mevrouw gemeinsam weiter: »Du weißt viel zu viel über Dinge, die nicht für dich geeignet sind, du bist total falsch erzogen. Später, wenn du älter bist, wirst du an nichts mehr Freude haben, dann sagst du: ›Das habe ich vor zwanzig Jahren schon in Büchern gelesen.‹ Du wirst dich beeilen müssen, wenn du noch einen Mann kriegen oder dich verlieben willst, du wirst bestimmt von allem enttäuscht sein. In der Theorie hast du schon ausgelernt, nur die Praxis, die fehlt dir noch!«

Wer könnte sich meine Situation nicht vorstellen? Ich staunte noch über mich selber, dass ich in aller Ruhe antworten konnte: »Sie denken vielleicht, dass ich falsch erzogen bin, aber längst nicht jeder ist Ihrer Meinung!« Es ist bestimmt gute Erziehung, mich immer so gegen meine Eltern aufzuhetzen, denn das ist es, was sie oft tun, und einem Mädchen in meinem Alter nichts über diese Dinge zu erzählen, ist wirklich hervorragend. Die Folgen einer solchen Erziehung sind nur allzu deutlich erwiesen.

Ich hätten die beiden, die mich da so verspotteten, in diesem Augenblick ohrfeigen können. Ich war außer mir vor Wut und würde wirklich anfangen, die Tage zu zählen (wenn ich wüsste, bis wohin ich zählen muss), bis ich von »diesen« Leuten erlöst bin.

Mevrouw van Pels ist mir auch so eine! Und da soll man sich seine Vorbilder suchen, Vorbilder zwar ... aber eben die schlechten. Mevrouw van Pels gilt als sehr unbescheiden, egoistisch, gerissen, berechnend und mit nichts zufrieden. Eitelkeit und Koketterie kommen noch hinzu. Sie ist, daran lässt sich nicht rütteln: eine ausgesprochen unangenehme Person. Über Madame van Pels könnte ich ganze Bände füllen, und vielleicht komme ich ja auch noch irgendwann dazu. Eine schöne Fassade kann sich jeder zulegen. Mevrouw ist freundlich zu Fremden und besonders zu Männern, und deshalb täuscht man sich, wenn man sie noch nicht lange kennt.

Mutter findet sie zu dumm, um auch nur ein Wort an sie zu verschwenden, Margot zu unbedeutend, Pim zu hässlich (im wörtlichen und im übertragenen Sinn!), und ich bin nach einem langen Weg, denn ich bin am Anfang nie voreingenommen, zu der Schlussfolgerung gelangt, dass sie alles drei ist und noch viel mehr. Sie hat so viele schlechte Eigenschaften, warum sollte ich dann mit irgendeiner davon beginnen?

Deine Anne.

Dienstag, 3. August 1943

Liebe Kitty,

mit der Politik läuft es hervorragend. In Italien wurde die faschistische Partei verboten. An vielen Orten kämpft das Volk gegen die Faschisten, einige Militärs beteiligen sich am Kampf. Wie kann so ein Land noch weiter Krieg mit England führen?

Unser schönes Radio wurde letzte Woche weggebracht, Pfeffer war sehr wütend, dass Kugler es am festgesetzten Datum abgeliefert hat. Pfeffer sinkt in meiner Achtung immer mehr, er ist schon so ungefähr unter null. Was er auch sagt über Politik, Geschichte, Geografie oder andere Dinge, ist so ein Unsinn, dass ich fast nicht wage, es hier wiederzugeben.

Hitler verschwindet in der Geschichte. Der Rotterdamer Hafen ist größer als der von Hamburg. Die Engländer sind Idioten, weil sie im Augenblick Italien nicht grün und blau bombardieren usw. usw.

Ein dritter Bombenangriff hat stattgefunden, ich habe die Zähne zusammengebissen und so Tapferkeit trainiert.

Mevrouw van Pels, die immer gesagt hat, »sollen sie doch kommen«, »besser ein Ende mit Schrecken als kein Ende«, ist jetzt die Feigste von uns allen, heute Morgen zitterte sie wie Espenlaub und brach sogar in Tränen aus. Ihr Mann, mit dem sie nach einer Woche Krach gerade wieder Frieden geschlossen hatte, tröstete sie; der Anblick allein machte mich fast rührselig.

Dass Katzen zu halten nicht nur Vorteile mit sich bringt, hat Mouschi eindeutig bewiesen. Im ganzen Haus wimmelt es von Flöhen, die Plage wird von Tag zu Tag größer. Mijnheer Kleiman hat in alle Ecken gelbes Pulver gestreut, doch die Flöhe kümmert das nicht. Es macht uns alle nervös, ständig hat man das Gefühl, auf Arm, Bein oder anderen Körperteilen krabbelt etwas, deshalb machen viele Familienmitglieder Turnübungen, um im Stehen auf die Rückseite ihres Beins oder über ihre Schulter zu gucken. Nun rächt sich, dass wir uns so wenig bewegen; wir sind viel zu steif, um den Hals richtig drehen zu können. Echte Gymnastik ist schon lange auf der Strecke geblieben.

Deine Anne.

Mittwoch, 4. August 1943

Liebe Kitty,

Du weißt nun, nachdem wir gut ein Jahr lang Hinterhäusler sind, schon so einiges über unser Leben, aber komplett kann ich es Dir trotzdem nicht schildern; es ist alles so durch und durch anders als in normalen Zeiten und bei normalen Leuten. Damit Du trotzdem einen etwas näheren Einblick in unser Leben bekommst, werde ich ab jetzt hin und wieder einen Teil von einem gewöhnlichen Tag beschreiben. Heute fange ich mit dem Abend und der Nacht an:

Abends um neun Uhr beginnt im Hinterhaus das Gewusel des Schlafengehens, und das ist wirklich immer ein großes Gewusel. Stühle werden gerückt, Betten aufgeklappt, Decken auseinandergefaltet, und nichts bleibt, wo es am Tag hingehört. Ich schlafe auf der kleinen Couch, die keine 1,50 m lang ist. Hier müssen also Stühle als Verlängerung dienen; ein Plumeau, Laken, Kissen, Decken, alles wird aus Pfeffers Bett geholt, wo es tagsüber verbleibt.

Nebenan hört man ein fürchterliches Knirschen, das ist Margots Bett à la Ziehharmonika; wieder Sofadecken und Kissen, alles, damit es auf den Holzlatten ein bisschen bequemer ist. Über uns scheint es zu gewittern, aber das ist nur: Mevrouws Bett. Das wird nämlich ans Fenster geschoben, damit ihre Hoheit im rosa Bettjäckchen etwas Prickelndes in die Nasenlöchelchen bekommt.

Neun Uhr: Nach Peter betrete ich das Badezimmer, wo dann eine gründliche Wäsche folgt, und es passiert nicht selten (aber nur in den warmen Monaten, Wochen oder Tagen), dass ein kleiner Floh im Waschwasser schwimmt. Dann Zähne putzen, Haare eindrehen, Nägel pflegen, mit Wasserstoffperoxid getränkte Wattebäusche benutzen (um schwarze Schnurrbarthaare zu bleichen), und das alles in einer knappen halben Stunde.

Halb zehn: Rasch Bademantel an, Seife in der einen, Nachttopf, Haarklammern, Hose, Lockenwickler und Watte in der anderen Hand sause ich aus dem Badezimmer, meist noch mal zurückgerufen wegen ein paar Haaren, die in zierlichen, aber für den nächsten Wäscher nicht gerade angenehmen Kringeln das Waschbecken verunzieren.

Zehn Uhr: Verdunkelung vors Fenster, gute Nacht. Im Haus mindestens eine Viertelstunde lang das Knarren von Betten und das Ächzen kaputter Sprungfedern, dann ist alles still, zumindest, wenn die Nachbarn oben nicht gerade einen Bettstreit haben.

Halb zwölf: Die Badezimmertür knarrt. Ein schmaler Lichtstreifen fällt in den Raum. Knarzende Schuhe, eine große Jacke, noch größer als der Mann darin ... Pfeffer kommt von seiner Nachtarbeit in Kuglers Büro zurück. Zehn Minuten lang Schritte hin und her, Rascheln von Papier, das sind die zu verstauenden Esswaren, und ein Bett wird vorbereitet. Dann entschwindet die Gestalt wieder, und man hört nur von Zeit zu Zeit ein verdächtiges Geräusch von der Toilette.

± Drei Uhr: Ich muss aufstehen, weil ich mal klein muss, und benutze die Blechbüchse unter meinem Bett, unter der vorsichtshalber eine Gummimatte liegt, falls sie undicht wird. Dabei halte ich immer die Luft an, denn es plätschert in die Büchse wie bei einem Bergbach. Dann kommt die Büchse wieder an ihren Platz, und eine Gestalt in einem weißen Nachthemd, das Margot jeden Abend aufs Neue den Ausruf entlockt: »Oh, dieses unsittliche Nachthemd«, legt sich ins Bett. Eine knappe Viertelstunde lang lauscht dann ein gewisser Jemand auf die nächtlichen Geräusche. Hauptsächlich, ob vielleicht unten ein Dieb sein könnte, dann auf die Laute der verschiedenen Betten, oben, hier und nebenan, an denen man meist erkennen kann, wie die Mitbewohner schlafen oder ob sie die Nacht halb wach verbringen.

Letzteres ist entschieden unangenehm, vor allem, wenn es ein Familienmitglied mit dem Namen Dr. Pfeffer betrifft.

Erst höre ich ein leises Geräusch, als ob ein Fisch nach Luft schnappt, das wiederholt sich etwa zehnmal, dann werden ausgiebig die Lippen befeuchtet, abgewechselt von kleinen Schmatzlauten, gefolgt von einem länger andauernden Hin- und Herwälzen im Bett und Herumschieben von Kissen. Fünf Minuten völlige Ruhe, dann wiederholt sich diese Abfolge von Ereignissen noch mindestens dreimal, worauf der Doktor sich wieder für eine Weile in den Schlaf gelullt hat.

Es kann auch vorkommen, dass nachts zwischen ein und vier Uhr zu verschiedenen Zeiten geschossen wird. Das ist mir nie ganz bewusst, bevor ich aus Gewohnheit neben meinem Bett stehe. Manchmal stecke ich auch so in einem Traum, dass ich an französische unregelmäßige Verben oder einen Knatsch oben denke. Erst wenn es dann vorbei ist, merke ich, dass geschossen wurde und ich reglos im Zimmer geblieben bin. Aber meist ist alles so wie oben beschrieben. Schnell zu einem Kissen und einem Taschentuch gegriffen, Bademantel an, Pantoffeln und dann im Trab zu Vater, so wie Margot es im Geburtstagsgedicht beschrieben hat: »Beim ersten Knall knarrt nachts die Tür, wir blicken auf, was sehen wir ... Taschentuch, Kissen, kleines Mädchen ...«

Wenn ich beim großen Bett angelangt bin, ist der größte Schreck schon ausgestanden, außer wenn das Schießen sehr heftig sein sollte.

<u>Viertel vor sieben:</u> Trrrrrr ... der kleine Wecker, der zu jeder Stunde (zu der man das möchte und manchmal auch von allein) des Tages seine Stimme erheben kann. Krack ... peng ... Mevrouw hat ihn abgestellt. Knack ... Mijnheer ist aufgestanden. Wasser aufsetzen und rasch ins Badezimmer.

Viertel nach sieben: Die Tür knarrt wieder. Pfeffer kann ins Badezimmer gehen. Nachdem ich allein bin, wird entdunkelt … und der neue Tag im Hinterhaus hat angefangen.

Deine Anne.

Donnerstag, 5. August 1943

Liebe Kitty,

heute nehmen wir mal die Mittagspause dran:

Es ist halb eins: Die ganze Bagage atmet auf. Jetzt sind van Maren, der Mann mit der dunklen Vergangenheit, und de Kok nach Hause gegangen. Oben hört man das Gerumpel des Staubsaugers auf Mevrouws schönem und »einem« Teppich; Margot klemmt sich ein paar Bücher unter den Arm und geht zum Unterricht »für Kinder mit Lernschwierigkeiten«, denn diesen Eindruck macht Pfeffer tatsächlich.

Pim setzt sich mit seinem von ihm untrennbaren Dickens in eine Ecke, um einfach irgendwo Ruhe zu finden. Mutter eilt eine Etage höher, um der emsigen Hausfrau zu helfen, und ich gehe ins Badezimmer, um es ein bisschen aufzufrischen, und mich auch.

Viertel vor eins: Alle kommen angetröpfelt. Erst Mijnheer Gies, dann Kleiman oder Kugler, Bep und manchmal auch für ein Weilchen Miep.

Ein Uhr: Gespannt hören alle BBC. Sie sitzen um das Babyradio geschart, und das sind die einzigen Minuten, in denen die Mitglieder des Hinterhauses einander nicht ins Wort fallen, denn da redet jemand, dem nicht einmal Mijnheer van Pels widersprechen kann.

Viertel nach eins: Die große Essensausgabe. Jeder von unten bekommt eine Tasse Suppe und, falls es mal Nachtisch gibt, auch davon etwas. Zufrieden setzt sich Mijnheer Gies aufs Sofa oder lehnt sich an den Schreibtisch. Zeitung, Tasse und meist die

Katze neben sich. Fehlt eine der drei Sachen, bleibt sein Protest nicht aus. Kleiman erzählt die letzten Neuigkeiten aus der Stadt; dafür ist er tatsächlich eine ausgezeichnete Quelle. Kugler kommt holterdiepolter die Treppe rauf, ein kurzes und kräftiges Klopfen an der Tür, und er tritt händereibend ein, je nach Stimmungslage gut gelaunt und lebhaft oder schlecht gelaunt und still.

Viertel vor zwei: Die Esser stehen auf, und jeder geht wieder zu seiner eigenen Tätigkeit. Margot und Mutter machen den Abwasch, Mijnheer und Mevrouw legen sich aufs Sofa, Peter geht auf den Dachboden, Vater legt sich aufs Sofa, Pfeffer auch, und Anne macht sich an die Arbeit. Nun folgt die stillste Stunde; wenn alle schlafen, wird niemand gestört. Pfeffer träumt von leckerem Essen, so sieht sein Gesicht wirklich aus, und ich gucke nicht lange hin, denn die Zeit läuft davon, und um vier Uhr steht der pedantische Doktor schon mit der Uhr in der Hand da, weil ich eine Minute zu spät den Tisch für ihn freiräume.

Deine Anne.

Samstag, 7. August 1943

Liebe Kitty,

eine Unterbrechung der Hinterhaus-Beschreibungen. Vor ein paar Wochen habe ich damit begonnen, auch mal eine Geschichte zu schreiben, etwas völlig Ausgedachtes, und das hat mir solchen Spaß gemacht, dass sich meine Federkinder stapeln.

Weil ich Dir versprochen habe, dass ich Dir von allen meinen Erlebnissen getreu und ohne sie auszuschmücken berichte, sollst Du auch mal beurteilen, ob kleine Kinder vielleicht Spaß an meinen Geschichten haben könnten.

Kaatje

Kaatje ist unser Nachbarsmädchen, und wenn ich aus dem Fenster schaue, sehe ich Kaatje bei schönem Wetter im Garten spielen.

Kaatje hat ein weinrotes Samtkleid für sonntags und ein Baumwollkleid für die Woche, flachsblondes Haar mit Rattenschwänzen und hellblaue Augen. Kaatje hat eine liebe Mutter, aber keinen Vater mehr; Kaatjes Mutter ist Waschfrau, tagsüber ist sie manchmal fort, weil sie bei anderen Leuten die Wohnungen putzt, und abends wäscht sie daheim für ihre »Herrschaften« die Wäsche. Um elf Uhr klopft sie noch die Teppiche und hängt Reihen von Wäsche an die Leinen.

Kaatje hat sechs Geschwister. Auch ein kleiner Schreihals ist darunter, der klammert sich an die Rockzipfel der elfjährigen Schwester, wenn Mutter ruft: »Ab ins Bett, Schlafenszeit!« Kaatje hat ein Kätzchen, das schwarz ist wie ein Mohr; Kaatje sorgt gut für ihr Kätzchen, jeden Abend kurz vorm Schlafengehen höre ich sie »Miez, Miez, *Kaa...tje, Kaa...tje*« rufen. Deshalb auch der Name Kaatje, vielleicht heißt das Mädchen gar nicht Kaatje, aber es sieht jedenfalls so aus. Kaatje hat auch zwei Kaninchen, eins ist weiß, und eins ist braun. Hopp ... hopp, hoppeln sie auf dem Gras herum, vor der kleinen Treppe, die zu Kaatjes Wohnung führt. Manchmal kann Kaatje auch frech sein wie andere Kinder, meistens, wenn sie Streit mit ihren Brüdern hat. Oh, was kann Kaatje wütend werden, schlagen, treten und beißen, dass es sich gewaschen hat. Die Brüder haben Respekt vor ihrer starken Schwester.

»Einkaufen gehen, Kaatje!«, ruft Mutter. Kaatje hält sich schnell die Ohren zu, damit sie nachher ehrlich sagen kann, sie hätte Mutter nicht gehört; Einkaufengehen kann Kaatje gar nicht leiden. Aber eine Lüge ist ihr das Einkaufen auch nicht wert, lügen tut Kaatje nicht, das sieht man schon an ihren blauen

Guckern. Einer von Kaatjes Brüdern ist schon sechzehn Jahre alt und in der Lehre, der führt manchmal das Regiment über die Kinder, als wäre er ihr Vater; Kaatje wagt Piet auch nicht zu widersprechen, denn er ist grob, und Kaatje weiß aus Erfahrung, dass auch mal was Süßes rausspringt, wenn man ihm gehorcht. Süßigkeiten mag Kaatje gern, und die anderen Schwestern auch.

Sonntags, wenn die Glocke bim-bam, bim-bam macht, geht Kaatjes Mutter mit allen Kindern in die Kirche. Dann betet Kaatje für ihren lieben Vater, der im Himmel ist, und auch für ihre Mutter, dass die noch lange am Leben bleiben möge. Nach dem Gottesdienst gehen sie mit Mutter spazieren. Das tut Kaatje besonders gern; durch den Park und ganz selten auch einmal zu Artis. Aber bis sie in den Zoo gehen, dauert es noch ein paar Monate, erst im September, wenn es wieder 25 Cent kostet oder wenn Kaatje Geburtstag hat, dann darf sie sich so etwas als Geschenk wünschen. Mehr Geschenke gibt es nicht, dafür hat Kaatjes Mutter kein Geld.

Kaatje tröstet ihre Mutter oft, denn abends, wenn sie hart gearbeitet hat und müde ist, weint sie manchmal, und Kaatje verspricht ihr dann alles, was sie sich nur wünscht, wenn sie selbst erst einmal groß ist. Groß wäre Kaatje doch schon so furchtbar gern, dann könnte sie Geld verdienen und schöne Kleider kaufen und den Schwestern auch Süßigkeiten schenken wie Piet.

Doch ehe es so weit ist, muss Kaatje noch viel lernen und lange zur Schule gehen. Mutter möchte, dass sie noch auf die Haushaltungsschule geht, aber dazu hat Kaatje nun gar keine Lust, sie will nicht bei einer Gnädigen in Stellung, sie will in die Fabrik, so wie die Mädchen, die jeden Tag vorbeiziehen. In der Fabrik ist sie nicht allein, und dort kann man lustig plaudern, das tut Kaatje doch so gern!

In der Schule muss sie manchmal in der Ecke stehen, weil sie mal wieder den Mund nicht halten konnte, aber sonst ist sie wirklich eine gute Schülerin. Kaatje mag die Lehrerin auch gern, die ist meistens nett und unheimlich klug. »Was wird das mühsam sein, bis ich so klug bin!«, denkt Kaatje, »aber weniger reicht auch; Mutter sagt immer, wenn ich zu klug werde, kriege ich keinen Mann ab, und das wäre doch sehr schlimm.«

Kaatje möchte später liebe Kinder haben, aber nicht solche Kinder wie ihre Geschwister, Kaatjes Kinder werden viel lieber und auch viel hübscher sein. Sie werden schöne braune Locken haben und nicht solches Flachshaar, das ist nicht schön, auch keine Sommersprossen, denn die findet man bei Kaatje haufenweise. Kaatje möchte auch nicht so viele Kinder haben wie ihre Mutter, zwei oder drei, das langt. Aber ach, das dauert noch so schrecklich lange, noch mindestens zweimal so lange wie ihr bisheriges Leben. »Kaatje«, ruft Mutter, »komm mal her, du ungezogenes Mädchen, wo hast du gesteckt? Jetzt aber ab ins Bett, du hast sicher wieder vor dich hin geträumt!«

Kaatje seufzt, sie war gerade dabei, so wunderschöne Zukunftspläne zu machen.

Deine Anne.

Montag, 9. August 1943

Liebe Kitty,

diesmal Fortsetzung der Hinterhaus-Tageseinteilung. Nach der Mittagspause ist das Mittagessen an der Reihe.

Mijnheer van Pels eröffnet den Reigen. Er wird als Erster bedient, nimmt reichlich von allem, wenn's ihm schmeckt. Redet meistens mit, gibt immer seine Meinung zum Besten, an der dann nicht mehr gerüttelt werden darf, denn sollte jemand das wagen, legt er so richtig los. Ach ... wie eine Katze faucht er einen manchmal an ... Darauf kann ich liebend gern verzichten ... Wenn man das einmal mitgemacht hat, nie wieder.

Seine Meinung ist die einzig richtige, er weiß alles am besten. Na schön, er ist ein kluger Kopf; aber die Selbstgefälligkeit dieses Herrn hat einen hohen Grad erreicht.

Madame. Eigentlich schweige ich besser. An manchen Tagen, vor allem, wenn schlechte Laune im Anzug ist, sieht man ihr besser nicht ins Gesicht. Genauer betrachtet ist sie die Schuldige an den ganzen Diskussionen. Nicht das Thema! Oh nein, davon halten sich lieber alle fern, aber man könnte sie vielleicht als die Anstifterin bezeichnen ... Hetzen, das ist eine schöne Sache. Hetzen gegen Mevrouw Frank und Anne. Bei Margot und Mijnheer Frank geht das nicht so leicht.

Doch nun zu Tisch. Mevrouw kommt nicht zu kurz, auch wenn sie das manchmal meint. Die kleinsten Kartoffeln, das leckerste Häppchen, das Zarteste und Saftigste von allem; Auswählen ist Madames Devise. Die anderen kommen schon noch an die Reihe, Hauptsache, ich habe das Beste. (Genau das, was sie von Anne Frank denkt.)

Das Zweite ist Reden; Hauptsache, jemand hört zu, ob es denjenigen interessiert oder nicht, ist offenbar egal, sie meint sicher, »was Mevrouw van Pels zu sagen hat, interessiert jeden«.

Kokett lächeln, so tun, als wisse man über alles Bescheid, jedem ein bisschen Rat geben und ihn bemuttern, das muss doch einen guten Eindruck machen. Aber wenn man länger hinsieht, ist der Lack schon lange ab. Erstens fleißig, zweitens fröhlich, drittens kokett und manchmal ein hübsches Gesichtchen. Das ist Gusti van Pels.

Der dritte Tischnachbar. Man hört nicht viel von ihm. Der junge Herr van Pels ist meistens schweigsam und macht sich kaum bemerkbar. Was den Appetit betrifft: ein Danaidenfass, es wird nie voll; und bei der allerdeftigsten Mahlzeit behauptet er mit seelenruhiger Miene, dass er noch mal die gleiche Portion essen könnte.

Nummer 4. Margot: Isst wie ein Mäuschen, redet überhaupt nicht. Das Einzige, was ihr schmeckt, ist Gemüse oder Obst. Verwöhnt, lautet das Urteil der van Pels; zu wenig frische Luft und Sport ist unsere Meinung.

Daneben Mama. Gesunder Appetit, lebhafte Plauderin. Keiner hat wie bei Mevrouw van Pels die Vorstellung: Das ist die Hausfrau. Was den Unterschied ausmacht? Nun, Mevrouw kocht, und Mutter wäscht ab und putzt.

Nummer 6 und 7. Über Vater und mich werde ich nicht viel sagen. Ersterer ist der Bescheidenste von allen am Tisch. Er wartet immer erst, bis sich die anderen schon was aufgetan haben; er muss nicht von allem nehmen, die besten Sachen sind für die Kinder. Da sitzt das Vorbild für das Gute, neben dem Nervenbündel im Hause Hinter.

Pfeffer: Nimmt sich etwas, guckt nicht; isst, redet nicht. Und wenn's doch nicht ohne reden geht, dann in Gottes Namen halt übers Essen; das führt nicht zu Streit, nur zu Aufschneiderei. Enorme Portionen schafft er, und ein »Nein« hört man nie, nicht, wenn es gut ist, und auch nicht oft, wenn es schlecht ist.

Die Hose bis an die Brust, rotes Jackett, schwarze Lackpantoffeln und eine Hornbrille. So kann man ihn an dem kleinen Tisch sehen, ewig bei der Arbeit, ohne jemals weiterzukommen; unterbrochen nur vom Mittagsnickerchen, Essen und ... dem Lieblingsort ... der Toilette. Drei-, vier-, fünfmal am Tag steht jemand ungeduldig vor der Klotür und verkneift es sich. Hüpft von einem Fuß auf den anderen und hält es kaum noch aus. Schert er sich darum? Pustekuchen, von Viertel nach sieben bis halb acht, von halb eins bis ein Uhr, von zwei Uhr bis Viertel nach zwei, von vier Uhr bis Viertel nach vier, von sechs Uhr bis Viertel nach sechs und von halb zwölf bis zwölf Uhr. Man kann es sich notieren, das sind die festen »Sitzplätze«. Davon wird nicht abgewichen, und ihn schert auch nicht die flehende Stimme vor der Tür, die vor einem kurz bevorstehenden Malheur warnt.

Nummer 9 ist kein Hinterhaus-Familienmitglied, aber doch eine Haus- und Tischnachbarin. Bep hat einen gesunden Appetit. Lässt nichts stehen, ist nicht wählerisch. Mit allem kann man ihr eine Freude machen, und darüber freuen wir uns dann wieder.

Fröhlich und gut gelaunt, gefällig und gutmütig, das sind ihre Eigenschaften.

Dienstag, 10. August 1943

Liebe Kitty,

neue Idee: Ich rede beim Essen mehr mit mir selber als mit den anderen, das hat zwei Vorteile, erstens sind alle froh, wenn ich nicht pausenlos schnattere, und zweitens brauche ich mich nicht über die Meinungen anderer Leute zu ärgern. Ich selber finde meine Ansichten nicht blöd, andere aber doch; also behalte ich sie besser für mich. Genauso mache ich es, wenn ich etwas essen soll, was ich überhaupt nicht ausstehen kann: Ich ziehe den Teller zu mir, bilde mir ein, dass es was sehr Leckeres ist, sehe möglichst wenig hin, und ehe ich es merke, ist es aufgegessen.

Morgens beim Aufstehen, auch so etwas, was sehr unangenehm ist, springe ich aus dem Bett, denke bei mir, »du legst dich gleich wieder gemütlich hin«, gehe zum Fenster, entdunkle, schnupper so lange an dem Spalt, bis ich ein bisschen Luft spüre, und bin wach. Das Bett breite ich so bald wie möglich aus, dann gibt es keine Verlockung mehr. Weißt du, wie Mutter so etwas nennt? Eine Lebenskünstlerin. Ein lustiges Wort, findest du nicht auch?

Wir sind seit einer Woche alle ein bisschen mit der Zeit durcheinander, weil unsere liebe und uns so teure Westerturm-Glocke offenbar abgeholt worden ist für die Industrie und wir weder am Tag noch in der Nacht genau wissen, wie spät es ist.

Ich habe noch ein wenig Hoffnung, dass sie etwas erfinden, was die Nachbarschaft ein bisschen an die Glocke erinnert, vielleicht ein Ding aus Zinn oder Kupfer oder was weiß ich.

Ob ich oben bin, unten oder wo auch immer, alle schauen mir bewundernd auf die Füße, an denen ein Paar selten schöne Schuhe (für diese Zeit) prangt. Miep hat sie ergattert, für 27,50 Gulden. Weinrot, Wildleder mit Leder und einem ziemlich hohen Blockabsatz. Ich laufe wie auf Stelzen und sehe noch viel größer aus, als ich sowieso schon bin.

Gestern hatte ich einen Pechtag. Hab mir mit dem Ende einer dicken Nadel in den rechten Daumen gestochen. Die Folge war, dass Margot die Kartoffeln für mich schälen musste (das Gute im Schlechten) und ich unbeholfen schrieb.

Dann bin ich mit dem Kopf gegen die Schranktür gestoßen, fast umgekippt, habe einen Anpfiff bekommen, weil ich mal wieder so viel Krach gemacht habe, durfte den Wasserhahn nicht laufen lassen, um meine Stirn zu kühlen, und habe jetzt eine Riesenbeule überm rechten Auge.

Zu allem Unglück bin ich mit dem rechten kleinen Zeh am Staubsauger hängen geblieben. Das Ding blutete und tat weh, aber ich hatte so viel mit meinen anderen Blessuren zu tun, dass dieser Wichtigtuer gar nicht zählte.

Das war dumm, denn jetzt laufe ich mit einem entzündeten Zeh + Zugsalbe + Verbandmull + Klebeband herum und kann meine gloriosen Schuhe nicht tragen.

Pfeffer hat uns wieder einmal in Lebensgefahr gestürzt. Miep hat ihm tatsächlich ein verbotenes Buch mitgebracht, eine Schmähschrift gegen Mussolini. Unterwegs wurde sie von einem Motorrad der SS angefahren. Sie verlor die Nerven, schrie: »Elende Schufte!«, und fuhr weiter. Ich darf gar nicht daran denken, was passiert wäre, wenn sie mit auf die Wache gemusst hätte.

Deine Anne.

Freitag, 10. September 1943

Liebe Kitty,

jedes Mal, wenn ich Dir schreibe, ist wieder etwas Ungewöhnliches passiert, aber meistens sind es mehr unangenehme als angenehme Sachen. Doch jetzt ist etwas Fantastisches im Gange:

Mittwochabend, 8. September, saßen wir um sieben Uhr am Radio wegen der Nachrichten, und das Erste, was wir hörten, war: *Here follows the best news from whole the war: Italy has capitulered.* Italien bedingungslos kapituliert! Um Viertel nach acht begann *Radio Oranje*: »Liebe Zuhörer, vor eineinviertel Stunden, als ich gerade fertig war mit der Chronik des Tages, traf die wunderbare Nachricht von der Kapitulation Italiens hier ein, ich kann Ihnen versichern, dass ich noch nie mein Konzept mit so viel Freude in den Papierkorb geworfen habe wie heute!«

God save the king, die amerikanische Nationalhymne und die russische Internationale wurden gespielt. Wie immer war *Radio Oranje* zuversichtlich und trotzdem nicht zu optimistisch.

Die Engländer sind in Neapel gelandet. Norditalien ist von den Deutschen besetzt. Freitag, 3. September, war der Waffenstillstand schon unterzeichnet worden, genau am Tag der englischen Landung in Italien. Die Deutschen fluchen und toben in allen Zeitungen über den Verrat von Badoglio und dem italienischen Kaiser.

Aber wir haben auch Kummer, es geht um Mijnheer Kleiman. Du weißt, wir alle mögen ihn sehr gern, und obwohl er immer krank ist, starke Schmerzen hat und nicht viel essen und herumlaufen darf, ist er immer vergnügt und bewundernswert tapfer. »Wenn Mijnheer Kleiman hereinkommt, geht die Sonne auf!«, hat Mutter gerade noch gesagt, und damit hat sie wirklich recht.

Jetzt musste er für eine sehr unangenehme Darmoperation ins Krankenhaus und wird dort mindestens vier Wochen bleiben. Du hättest mal sehen sollen, wie er sich von uns verabschiedet hat, als würde er einkaufen gehen, so normal.

Deine Anne.

Donnerstag, 16. September 1943

Liebe Kitty,

das Verhältnis untereinander hier wird immer schlechter. Pfeffer und van Pels sind bis zum nächsten Krach dicke Freunde. Bei Tisch traut sich niemand, den Mund aufzumachen (außer, um einen Bissen hineinrutschen zu lassen), denn was man sagt, wird entweder übel genommen oder falsch verstanden. Mijnheer Voskuijl kommt manchmal zu Besuch. Leider geht es ihm sehr schlecht. Er macht es seiner Familie auch nicht gerade einfach, weil er ständig den Gedanken vor Augen hat: Was kann es mich noch kümmern, ich sterbe ja sowieso bald! Ich kann mir die Stimmung bei den Voskuijls daheim sehr gut vorstellen, wenn ich daran denke, wie gereizt sie hier schon alle sind.

Ich schlucke jeden Tag Baldrianpillen gegen Angst und Depression, aber das verhindert trotzdem nicht, dass meine Stimmung am nächsten Tag noch elender ist.

Einmal richtig und laut lachen, das würde besser helfen als zehn Baldrianpillen, doch das Lachen haben wir fast verlernt. Manchmal habe ich Angst, dass ich vor lauter Ernst ein ausdrucksloses Gesicht und hängende Mundwinkel bekomme. Den anderen ergeht es nicht besser, mit bangen Vorgefühlen sehen alle dem großen Felsblock entgegen, der Winter heißt.

Eine weitere Sache, die uns nicht aufmuntert, ist die, dass der Lagerarbeiter van Maaren stutzig wird in Sachen Hinterhaus. Wer ein bisschen Grips im Kopf hat, dem muss doch auffallen, dass Miep sagt, sie geht ins Labor, bei Bep ist es das Archiv, bei

Kleiman der Opekta-Vorrat, während Kugler behauptet, das Hinterhaus gehöre nicht zu unserem Gebäude, sondern zum Nachbarhaus.

Es könnte uns egal sein, was Mijnheer van Maaren von der Situation denkt, wenn der Mann nicht als wenig vertrauenswürdig bekannt und ausgesprochen neugierig wäre, sodass er sich nicht so leicht abspeisen lässt.

Eines Tages wollte Kugler mal besonders vorsichtig sein, zog schon zehn Minuten vor halb eins seinen Mantel an und ging zur Drogerie um die Ecke. Keine fünf Minuten später war er wieder zurück, schlich wie ein Dieb die Treppe hoch und kam zu uns. Um Viertel nach eins wollte er gehen, begegnete aber in der kleinen Diele Bep, die ihn warnte, dass van Maaren im Büro saß. Kugler kehrte um und blieb bis halb zwei bei uns. Dann nahm er seine Schuhe in die Hand und ging auf Strümpfen (trotz Erkältung) zur vorderen Tür des Dachbodens, stieg dort Stufe für Stufe die Treppe hinab, und nachdem er eine ganze Viertelstunde lang über die Treppe balanciert war, um jedes Knarren zu vermeiden, landete er von der Straßenseite aus im Büro. Bep, inzwischen von van Maaren befreit, wollte Mijnheer Kugler bei uns abholen, doch Kugler war längst weg, der war unterdessen noch auf Strümpfen auf der Treppe.

Was werden die Leute auf der Straße wohl gedacht haben, als sich der Direktor draußen die Schuhe wieder anzog?

Haha, der Direktor auf Socken!

Deine Anne.

Mittwoch, 29. September 1943

Liebe Kitty,

Mevrouw van Pels hat Geburtstag. Wir haben ihr außer einer Käse-, Fleisch- und Brotmarke nur noch ein Glas Marmelade geschenkt. Von ihrem Mann, Pfeffer und dem Büro hat sie auch weiter nichts als Blumen oder Esswaren bekommen.

So sind die Zeiten nun mal!

Bep hatte diese Woche einen halben Nervenzusammenbruch, so oft wurde sie geschickt, zehnmal am Tag sollte sie einkaufen gehen, immer hieß es, sie solle sich beeilen oder sie solle noch mal gehen oder sie hätte etwas falsch gemacht. Wenn man dann bedenkt, dass sie unten im Büro ihre Arbeit schaffen muss, Kleiman krank und Miep mit einer Erkältung daheim ist, sie einen verstauchten Knöchel, Liebeskummer und zu Hause einen nörgelnden Vater hat, kann man sich wirklich gut vorstellen, dass sie nicht mehr weiterweiß. Wir haben sie getröstet und gesagt, wenn sie ein paarmal energisch darauf bestehen würde, dass sie keine Zeit hat, würden die Einkaufslisten bestimmt von allein kleiner werden.

Am Samstag hat sich hier ein Drama abgespielt, das an Heftigkeit alles Bisherige in den Schatten stellte. Es fing an mit van Maaren und endete in einem allgemeinen Streit mit Geschluchze.

Pfeffer hat sich bei Mutter darüber beklagt, dass er wie ein Ausgestoßener behandelt wird und dass keiner von uns freundlich zu ihm ist, er habe uns doch nichts getan, und noch eine Reihe von Süßholzraspeleien, auf die Mutter diesmal zum Glück nicht reingefallen ist, sie hat ihm gesagt, er habe alle sehr enttäuscht und uns mehr als einmal Anlass zu Ärger gegeben. Pfeffer hat das Blaue vom Himmel versprochen, woraus wie immer bis jetzt nichts geworden ist.

Mit den van Pels geht es schief, ich seh es schon kommen! Vater ist wütend, weil sie uns hintergehen; sie behalten Fleisch und so für sich. Auweia, welcher Ausbruch steht uns nun wieder bevor? Wäre ich nur nicht so eng in all die Scharmützel verstrickt, könnte ich doch einfach fortgehen. Sie machen uns noch verrückt!

Deine Anne.

Sonntag, 17. Oktober 1943

Liebe Kitty,

Kleiman ist wieder da, zum Glück! Er ist noch ein bisschen blass, aber macht sich trotzdem guter Dinge auf den Weg, um Kleidungsstücke für die van Pels zu verkaufen.

Es ist eine schlimme Sache, dass das Geld von van Pels komplett aufgebraucht ist, seine letzten hundert Gulden hat er im Magazin verloren, Ärger hatten wir deshalb auch noch. Wie können am Montagmorgen hundert Gulden im Magazin verschüttgehen? Jede Menge Grund für Misstrauen. Wie auch immer, die hundert Gulden wurden gestohlen. Wer ist der Dieb?

Aber ich sprach vom Geldmangel. Mevrouw will von ihrem Haufen Mäntel, Kleider und Schuhe nichts abgeben, Mijnheers Anzug lässt sich schwer verkaufen, Peters Rad ist von der Besichtigung zurück. Niemand wollte es haben. Das Ende vom Lied ist noch nicht in Sicht. Mevrouw wird sich wohl von ihrem Pelzmantel trennen müssen. Mit ihrem Standpunkt, dass die Firma für unseren Unterhalt sorgen muss, wird sie nicht durchkommen. Oben haben sie deshalb einen Riesenkrach hinter sich und sind jetzt in der Versöhnungsphase mit »ach, lieber Putti« und »süße Kerli« angekommen.

Mir ist schwindlig von den Schimpfworten, die in den letzten vier Wochen durch dieses ehrbare Haus geschwirrt sind. Vater läuft mit zusammengepressten Lippen herum, wenn jemand ihn ruft, blickt er so nervös auf, als hätte er Angst, mal wieder eine heikle Sache ins Lot bringen zu müssen. Mutter hat vor Aufregung rote Flecken auf den Wangen, Margot klagt über Kopfschmerzen, Pfeffer kann nicht schlafen, Mevrouw jammert den ganzen Tag, und ich bin völlig aus der Spur. Ehrlich gesagt vergesse ich ab und zu, mit wem wir verkracht sind und mit welcher Person wir uns schon wieder vertragen haben.

Das Einzige, was ablenkt, ist Lernen, und das mache ich viel.

Deine Anne.

Freitag, 29. Oktober 1943

Liebste Kitty,

Mijnheer Kleiman ist wieder abwesend; sein Magen lässt ihn nicht in Ruhe. Er weiß nicht einmal, ob die Blutung ganz gestillt ist. Er war zum ersten Mal richtig niedergeschlagen, als er uns sagte, dass er sich nicht wohlfühle, und nach Hause ging.

Hier gab es wieder heftige Streitigkeiten zwischen Mijnheer und Mevrouw. Das kam so: Bei den van Pels ist das Geld alle. Sie wollten einen Wintermantel und einen Anzug von Mijnheer verkaufen, aber niemand wollte die Sachen. Er hat viel zu hohe Preise verlangt.

Irgendwann, es ist schon eine Weile her, hatte Kleiman einen befreundeten Kürschner erwähnt; das brachte Mijnheer auf die Idee, Mevrouws Pelzmantel zu verkaufen. Der Pelzmantel ist aus Kaninchenfell und wurde siebzehn Jahre lang getragen. Mevrouw hat 325 Gulden dafür bekommen. Ein enorm hoher Betrag. Mevrouw wollte das Geld behalten, um nach dem Krieg neue Kleider zu kaufen, und es hat ziemlich viel Mühe gekostet, bis Mijnheer ihr klargemacht hatte, dass das Geld im Haushalt dringend benötigt wird. Das Kreischen, Brüllen, Aufstampfen und Schimpfen kannst Du Dir kaum vorstellen. Es war furchterregend. Meine Familie stand mit stockendem Atem unten an der Treppe, um die Kämpfenden notfalls zu trennen.

Das ganze Gekeife, Geflenne und die nervöse Stimmung sind so anspannend und anstrengend, dass ich abends weinend ins Bett falle und dem Himmel danke, einmal eine halbe Stunde für mich allein zu haben.

Mir selber geht es gut, außer dass ich überhaupt keinen Appetit habe. Immer wieder höre ich: »Du siehst aber schlecht aus.« Ich muss zugeben, dass sie sich wirklich ins Zeug legen, damit ich gesund bleibe. Traubenzucker, Lebertran, Hefetabletten und Kalzium muss ich schlucken. Meine Nerven habe ich längst nicht immer unter Kontrolle, vor allem sonntags fühle ich mich elend. Dann ist die Stimmung im Haus bedrückend, einschläfernd und bleischwer; draußen hört man keinen Vogel singen, eine unheimliche und beklemmende Stille liegt über allem, und diese Schwere klammert sich an mir fest, als wollte sie mich mitziehen in eine tiefe Unterwelt. Vater, Mutter und Margot sind mir dann manchmal gleichgültig, ich streife von einem Zimmer ins andere, treppab und treppauf, und fühle mich wie ein Singvogel, dem roh die Flügel ausgerissen wurden und der in völliger Dunkelheit an die Gitterstäbe seines engen Käfigs prallt. »Nach draußen, Luft und Lachen«, schreit es in mir; ich antworte nicht einmal mehr, lege mich auf eine Couch und schlafe, um die Zeit, die Stille, auch die schreckliche Angst zu verkürzen, denn vertreiben kann ich sie nicht.

Deine Anne.

Mittwoch, 3. November 1943

Liebe Kitty,

um uns etwas Ablenkung und Bildung zu verschaffen, hat Vater einen Prospekt des Leidener Fernlehrinstituts angefordert; Margot hat die dicke Broschüre mindestens dreimal durchstöbert und nichts gefunden, worauf sie Lust hatte und was sie bezahlen könnte. Vater war schneller für etwas zu haben, er wollte dem Institut schreiben und um eine Probelektion »Elementares Latein« bitten. Gesagt, getan, die Lektion kam, Margot machte sich begeistert an die Arbeit, und der Kurs, so teuer er auch war, wurde genommen. Für mich ist er viel zu schwer, obwohl ich sehr gern Latein lernen würde.

Damit auch ich mit etwas Neuem anfangen kann, bat Vater Kleiman, eine Kinderbibel zu besorgen, damit ich endlich das Neue Testament kennenlerne.

»Du willst Anne zu Chanukka eine Bibel schenken?«, fragte Margot etwas entgeistert.

»Ja ... äh, ich glaube, Nikolaus ist ein besserer Anlass«, antwortete Vater. Jesus zu Chanukka, das passt nun mal nicht.

Weil der Staubsauber kaputt ist, muss ich jeden Abend den Teppich mit einer alten Bürste bearbeiten. Das Fenster zu, Licht an, der Ofen auch, und dann mit einem Handfeger über den Boden. »Das kann nicht gut gehen«, dachte ich mir schon beim ersten Mal. Bestimmt gibt's Beschwerden, und richtig, Mutter bekam Kopfschmerzen von den dichten Staubwolken, die noch lange im Zimmer herumwirbelten, Margots neues Latein-Wörterbuch war voller Schmutz, und Pim brummelte wahrhaftig, am Anblick des Fußbodens habe sich kein bisschen geändert. Undank ist der Welt Lohn, heißt es ja.

Die neueste Hinterhaus-Abmachung ist, dass der Ofen sonntags wie sonst auch um halb acht angemacht wird statt um halb sechs morgens. Ich halte das für eine gefährliche Sache. Was werden die Nachbarn wohl von unserem rauchenden Schornstein denken? Genauso mit den Vorhängen; die waren von Anfang an immer stocksteif festgesteckt, aber manchmal kriegt dann jemand von den Herren oder Damen eine Anwandlung und »muss« ganz kurz hinausschauen. Folge: ein Sturm von Vorwürfen. Antwort: »Das sieht doch keiner.« Damit beginnt und endet jede Unvorsichtigkeit. »Das sieht keiner, das hört keiner, darauf achtet niemand«, das ist leicht gesagt, aber entspricht es wirklich der Wahrheit? Im Augenblick haben sich die Donnerwetter wieder gelegt, nur Pfeffer hat Krach mit van Pels. Wenn er von Mevrouw spricht, hört man nichts anderes als: »die dumme Kuh« oder »die dämliche Pute«, und umgekehrt betitelt Mevrouw den unfehlbaren Akademiker mit »alte Jungfer, ewig eingeschnappte Mimose« usw. usw.

Wer im Glashaus sitzt, soll nicht mit Steinen werfen!

Deine Anne.

Montagabend, 8. November 1943

Liebe Kitty,

wenn du meinen kleinen Stapel Briefe hintereinander durchlesen würdest, dann fiele Dir bestimmt auf, in was für unterschiedlichen Stimmungen sie geschrieben wurden. Ich finde es selber unangenehm, dass ich hier im Hinterhaus unter so starken Stimmungsschwankungen leide, allerdings geht es nicht nur mir so, sondern uns allen. Wenn ich ein Buch lese, das Eindruck auf mich macht, muss ich gründlich Ordnung in mir schaffen, bevor ich mich unter die anderen mische, sonst würde man von mir denken, dass ich nicht ganz richtig im Kopf bin. Im Augenblick, das merkst Du bestimmt, bin ich in einer niedergeschlagenen Phase.

Ich könnte Dir wirklich nicht sagen, woran das liegt, aber ich glaube, es ist meine Feigheit, die mir immer wieder in die Quere kommt.

Heute Abend, als Bep noch da war, klingelte es lange, laut und durchdringend, in diesem Augenblick wurde ich blass, bekam Bauchschmerzen und Herzklopfen, und das alles aus Ängstlichkeit! Abends im Bett sehe ich mich in einem Kerker, allein, ohne Vater und Mutter. Oder manchmal irre ich durch die Straßen, oder unser Hinterhaus steht in Flammen, oder sie kommen nachts und holen uns ab, und ich lege mich dann vor Verzweiflung unter mein Bett. Ich sehe alles vor mir, als würde ich es am eigenen Leib erfahren, und dann noch das Gefühl zu haben, das alles kann mir tatsächlich passieren!

Miep sagt zwar oft, dass sie uns beneidet, weil wir hier Ruhe haben. Das mag ja stimmen, doch an unsere Angst denkt sie dabei sicher nicht.

Ich kann mir überhaupt nicht vorstellen, dass die Welt für uns jemals wieder normal wird. Ich rede zwar von »nach dem

Krieg«, aber das ist dann so, als ob ich über ein Luftschloss spreche, etwas, das niemals Wirklichkeit werden kann.

An den *Merry*, die Freundinnen, Schule, Vergnügungen, an das alles denke ich wie an etwas, das jemand anders erlebt hat. Ich sehe uns acht zusammen mit dem Hinterhaus, als ob wir ein Stückchen blauer Himmel wären, umgeben von schwarzen, schwarzen Regenwolken. Das runde, abgegrenzte Fleckchen, auf dem wir stehen, ist noch sicher, doch die Wolken rücken mehr und mehr an uns heran, und der Ring, der uns von der nahenden Gefahr trennt, schließt sich immer enger.

Nun sind wir schon so dicht umschlossen von Gefahr und Finsternis, dass wir bei der verzweifelten Suche nach Errettung aneinanderstoßen. Wir schauen alle nach unten, wo die Menschen gegeneinander kämpfen, wir schauen alle nach oben, wo es ruhig und schön ist, und unterdessen sind wir abgeschnitten durch diese düstere Masse, die uns nicht nach unten und nicht nach oben lässt, sondern vor uns steht wie eine undurchdringliche Mauer, die uns zerschmettern will, aber noch nicht kann.

Ich kann nichts anderes tun als rufen und flehen: »Oh Ring, Ring, weite und öffne dich für uns!«

Deine Anne.

Donnerstag, 11. November 1943

Liebe Kitty,

ich weiß gerade einen guten Titel für dieses Kapitel:

Ode an meinen Füllfederhalter

In memoriam

»aus Margots *Schola Latina*«.

Mein Füllhalter war für mich immer ein kostbarer Besitz; ich schätzte ihn hoch, besonders wegen der breiten Feder, die er besaß, denn nur mit breiten Federspitzen kann ich wirklich ordentlich schreiben. Mein Füllhalter hatte ein sehr langes und interessantes Füllhalter-Leben, von dem ich kurz berichten möchte:

Als ich neun Jahre alt war, kam mein Füllhalter in einem Päckchen (in Watte gehüllt) als »Muster ohne Wert« aus dem fernen Aachen, dem Wohnort meiner Großmutter, der guten Schenkerin. Ich lag mit Grippe im Bett, und der Februarwind heulte ums Haus. Der glorreiche Füllhalter steckte in einem roten Lederetui und wurde gleich am ersten Tag allen meinen Freundinnen gezeigt. Ich, Anne Frank, als stolze Besitzerin eines Füllhalters.

Als ich zehn Jahre alt war, durfte der Füllhalter mit in die Schule, und die Lehrerin erlaubte wahrhaftig, dass ich damit schrieb.

Mit elf musste ich meinen Schatz jedoch wieder wegpacken, denn die Lehrerin der 6. Klasse erlaubte nur Schulfederhalter und Tintenfässer als Schreibzeug.

Als ich zwölf wurde und in die jüdische Oberschule ging, bekam mein Füllhalter zu seiner höheren Ehre ein neues Etui, in das noch ein Bleistift passte und das außerdem viel echter aussah, weil es einen Reißverschluss hatte.

Mit dreizehn kam der Füllhalter mit ins Hinterhaus, wo er mit mir durch viele Tagebücher und Hefte gerannt ist.

Als ich vierzehn Jahre alt war, war es das letzte Jahr, das mein Füllhalter mit mir vollendet hatte, und jetzt …

Es war am Freitagnachmittag nach fünf Uhr, als ich aus meinem Zimmer kam und mich an den Tisch setzen wollte, um zu schreiben, aber unsanft beiseitegeschoben wurde und Platz machen musste für Margot und Vater, die ihr »Latein« übten. Der Füllhalter blieb unbenutzt auf dem Tisch liegen, und seine Besitzerin nahm seufzend mit einem ganz kleinen Tischeckchen vorlieb und fing an, Bohnen zu reiben. Bohnen reiben bedeutet hier, angeschimmelte braune Bohnen wieder in einen ansehnlichen

Zustand zu versetzen. Um Viertel vor sechs fegte ich den Fußboden und warf den Schmutz zusammen mit den schlechten Bohnen auf eine Zeitung und in den Ofen. Eine gewaltige Flamme schlug dabei hoch, und ich fand es großartig, wie sich der Ofen, der in den letzten Zügen gelegen hatte, dadurch wieder berappelte.

Es war wieder Ruhe eingekehrt, die Lateiner waren abgezogen, und ich setzte mich an den Tisch, um meine geplante Schreibarbeit aufzunehmen, doch wo ich auch suchte, mein Füllhalter war nirgends zu erblicken.

Ich suchte noch mal, Margot suchte, Mutter suchte, Vater suchte, Pfeffer suchte, aber das Ding war spurlos verschwunden.

»Vielleicht ist er ja in den Ofen gefallen, zusammen mit den Bohnen!«, sagte Margot.

»Ach was, Kindchen!«, erwiderte ich.

Als jedoch mein Füllhalter abends immer noch nicht zum Vorschein kommen wollte, nahmen wir alle an, dass er verbrannt war, zumal Zelluloid hervorragend brennt. Und wirklich, die traurige Vermutung bestätigte sich, als Vater am nächsten Morgen beim Ausräumen des Ofens den Clip, mit dem man einen Füllhalter feststeckt, mitten in einer Ladung Asche wiederfand.

Von der goldenen Feder war nichts mehr zu finden. »Bestimmt an irgendeinem Stein angebacken«, sagte Vater.

Ein – wenn auch schwacher – Trost ist mir geblieben, mein Füllhalter ist eingeäschert worden, das, was ich später so gern möchte!

Bewahre auf den Clip
(Der Füller ist weg)
Er hilft gegen den Schreck
Ich hatte Riesenpech

Deine Anne.

Mittwoch, 17. November 1943

Liebe Kitty,

hauserschütternde Ereignisse im Gange. Bei Bep daheim herrscht Diphtherie, deshalb darf sie sechs Wochen lang keinen Kontakt mit uns haben. Sowohl fürs Essen wie fürs Einkaufen ist es sehr schwierig, ganz zu schweigen davon, wie langweilig es ist ohne sie. Kleiman liegt noch immer im Bett und hat schon drei Wochen lang nichts als Milch und dünnen Brei zu sich genommen.

Kugler hat wahnsinnig viel zu tun. Die Firma hat zum Glück wieder 2 500 Kilogramm Pfeffer zum Vermahlen. Die Bußgelder, die wir im vergangenen Jahr an die Preisaufsicht zahlen mussten, haben sich so summiert, dass Gies & Co. diesen Betrag offiziell nicht mal in der Kasse haben dürfte.

Margots eingesandte Latein-Lektionen werden von einem Lehrer mit Korrekturen zurückgeschickt. Margot schreibt unter Beps Namen, der Lehrer, ein gewisser A. C. Nielson, ist sehr nett und witzig noch dazu. Er ist bestimmt froh, dass er eine so kluge Schülerin bekommen hat.

Pfeffer ist völlig durcheinander, keiner von uns weiß, warum. Es hat damit angefangen, dass er oben den Mund zusammenkniff und weder mit Mijnheer van Pels noch mit Mevrouw van Pels auch nur ein Wort sprach. Das fiel allen auf, und als es ein paar Tage anhielt, nutzte Mutter die Gelegenheit, um ihn vor Mevrouw zu warnen, die ihm deswegen wirklich noch viele Scherereien machen könnte. Pfeffer sagte, Mijnheer van Pels habe mit dem Schweigen angefangen, und er habe deshalb auch nicht die Absicht, sein Schweigen zu brechen.

Nun musst Du wissen, dass gestern der 16. November war, der Tag, an dem er ein Jahr im Hinterhaus ist. Mutter hat er aus diesem Anlass mit einer Topfblume beehrt, aber Mevrouw van

Pels, die schon Wochen vorher mehrmals auf dieses Datum angespielt und mit ihrer Meinung, Pfeffer müsse einen ausgeben, nicht hinterm Berg gehalten hat, ging leer aus.

Statt als Erstes seinen Dank für die uneigennützige Aufnahme zu äußern, sagte er überhaupt nichts. Und als ich ihn am Morgen des 16. fragte, ob ich ihm gratulieren oder kondolieren solle, antwortete er, er nehme alles entgegen.

Mutter, die sich in der schönen Rolle einer Friedensstifterin betätigen wollte, kam bei ihm keinen Schritt weiter, und schließlich blieb der Zustand unverändert.

Es ist keine Übertreibung, wenn ich sage, dass in Pfeffers Kopf ein Verbindungsstück fehlt. Wir machen uns oft insgeheim lustig darüber, dass er kein Gedächtnis, keine Meinung und kein Urteil hat, und lachen so manches Mal, wenn er gerade gehörte Nachrichten völlig falsch weitererzählt und alles durcheinanderbringt.

Im Übrigen macht er bei jedem Vorwurf und allen Anschuldigungen viele schöne Versprechungen, von denen er in Wahrheit keine einzige einhält.

Der Mann der hat ein großer Geist und ist so klein von Taten!

Deine Anne.

Samstag, 27. November 1943

Liebe Kitty,

gestern Abend vor dem Einschlafen stand mir auf einmal Hanneli vor Augen. Ich sah sie vor mir, in Lumpen gekleidet, mit eingefallenem und abgemagertem Gesicht. Ihre Augen waren ganz groß, und sie sah mich so traurig und vorwurfsvoll an, dass ich in ihrem Blick lesen konnte: »Oh, Anne, warum hast du mich verlassen? Hilf, oh hilf mir, rette mich aus dieser Hölle!«

Und ich kann ihr nicht helfen, ich kann nur zuschauen, wie andere Menschen leiden und sterben, und darum muss ich untätig dasitzen und kann nur beten, dass Gott sie zu uns zurückbringt. Gerade Hanneli sah ich, niemand anders, und ich habe es verstanden. Ich habe sie falsch beurteilt, war zu sehr Kind, um ihre Schwierigkeiten zu begreifen. Sie hing sehr an ihrer Freundin, und es schien so, als wollte ich sie ihr wegnehmen. Wie muss sich die Arme gefühlt haben, ich weiß es, ich kenne das Gefühl selber so gut!

Manchmal sah ich blitzartig etwas von ihrem Leben, um egoistisch sofort wieder in meinen eigenen Vergnügungen und Schwierigkeiten aufzugehen.

Es war hässlich von mir, wie ich mit ihr umgegangen bin, und nun sah sie mich mit blassem Gesicht und flehendem Blick ach so hilflos an. Könnte ich ihr doch helfen!

Oh Gott, dass ich hier alles habe, was ich mir nur wünschen kann, und dass sie vom harten Schicksal so mitgenommen wird. Sie war mindestens so fromm wie ich, sie wollte auch das Gute, warum wurde ich dann auserwählt, um zu leben, und musste sie vielleicht sterben? Welchen Unterschied gab es zwischen uns? Warum sind wir jetzt so weit voneinander entfernt?

Ehrlich gesagt, habe ich sie monatelang, ja ein Jahr fast vergessen. Nicht völlig, aber doch so, dass ich sie nie in ihrem ganzen Elend vor mir sah.

Ach, Hanneli, ich hoffe, dass ich dich, wenn du das Ende des Krieges noch erleben und zu uns zurückkehren solltest, aufnehmen kann, um etwas von dem wiedergutzumachen, was ich dir angetan habe. Aber wenn ich wieder in der Lage bin, ihr zu helfen, braucht sie meine Hilfe nicht so dringend wie jetzt. Ob sie wohl noch manchmal an mich denkt, und mit welchen Gefühlen?

Lieber Gott, gib ihr Halt, damit sie wenigstens nicht allein ist. Oh, könntest du ihr doch sagen, dass ich mit Liebe und Mitleid an sie denke; es würde vielleicht ihre Durchhaltekraft stärken.

Ich darf nicht weiterdenken, denn ich weiß mir keinen Rat. Ich sehe immer wieder ihre großen Augen, die mich nicht loslassen. Ob Hanneli wirklich in ihrem Innern Glauben hat, ob sie den Glauben nicht nur von außen aufgedrängt bekam?

Ich weiß nicht einmal das, nie habe ich mir die Mühe gemacht, sie danach zu fragen.

Hanneli, Hanneli, könnte ich dich doch wegholen von dort, wo du jetzt bist, könnte ich doch alles mit dir teilen, was ich an Gutem habe.

Es ist zu spät, ich kann nicht mehr helfen und nicht mehr wiedergutmachen, was ich falsch gemacht habe. Aber ich werde sie niemals vergessen und immer für sie beten!

Deine Anne.

Montag, 6. Dezember 1943

Liebe Kitty,

als der Nikolaustag näher rückte, dachten wir alle unwillkürlich an den hübsch verzierten Korb vom letzten Jahr, und vor allem ich hätte es nicht schön gefunden, in diesem Jahr alles auszulassen. Ich dachte lange nach, bis ich eine Idee hatte, etwas zum Lachen.

Pim wurde zurate gezogen, und vor einer Woche machten wir uns an die Arbeit, um für alle acht ein Gedicht zu verfassen.

Sonntagabend um Viertel nach acht erschienen wir oben, zwischen uns den großen Wäschekorb, der mit kleinen Figuren und Schleifen aus rosa und blauem Durchschlagpapier geschmückt war. Über dem Korb lag ein großer Bogen braunes Packpapier, an dem ein Zettel befestigt war. Oben staunten sie alle ein bisschen über den Umfang der Überraschung.

Ich nahm den Zettel vom Packpapier und las vor:

Prolog

Nikolaus ist auch dies Jahr gekommen,
sogar das Hinterhaus hat es vernommen.
Leider können wir's nicht so schön
wie im vergangenen Jahr begehn.
Damals hatten wir Hoffnung und dachten, gewiss
wird recht behalten der Optimist,
und glaubten, dass dieses Jahr frei
Sankt Nikolaus zu feiern sei.
Dennoch wollen wir des Tages gedenken,
nur leider gibt's nichts mehr zum Schenken,
drum müssen wir was anderes tun
(und während Vater und ich das Packpapier hochhoben):
Ein jeder schaue in seinen Schuh!

Schallendes Gelächter folgte, als jeder Besitzer seinen Schuh aus dem Korb zog. In jedem Schuh steckte ein kleines, in Packpapier gewickeltes Päckchen mit der Adresse des Schuhbesitzers. Ich schreibe nicht alle Gedichte ab, denn das würde etwas langweilig werden. Ein paar kamen aber bei allen so gut an, dass sie Dir bestimmt auch gefallen.

An Mejuffrouw A. M. Frank
Wenn man nachts die Flieger hört,
keinen das besonders stört,
nur Anne, wie ein jeder weiß,
das Nesthäkchen in unserm Kreis.
Und schießt auch noch der Bullerjaan,
wirft's Anne völlig aus der Bahn,
als Medizin nicht Lebertran

doch gut geeignet Baldrian.
Der Vorrat schrumpft, und Nikolaus
für Nachschub sorgt im Hinterhaus.
(Das Geschenk war eine Baldrianpille.)

An Mevrouw E. Frank
Zeiten unnormal,
gutes Essen schmal,
Äpfel, sine.
Kaum Vitamine,
drum nicht vergessen,
Rohkost essen!
Als Vitaminquelle
auch Kartoffeln mit Pelle,
wer modern ist, will
Radieschen und Dill.
Und weil auch Nikolaus so denkt,
er Ihnen etwas Rohkost schenkt.

An den Herrn P. A. v. P.
Wer sorgt auf dem Dachboden für Sauberkeit?
Peter ist dazu immer bereit.
Wer holt das Gemüse, die Kartoffeln, die Kohlen,
wer schleicht nach unten auf leisen Sohlen?
Wer sorgt, dass die Katzen was haben zum Essen?
Peter wird's bestimmt nicht vergessen.
Wer holt das Brennholz und räumt weg die Asche?
Wer steckt seinen Overall selbst in die Wäsche?
Piet tut das und noch viel mehr,
darüber freut sich Nikolaus sehr,
drum hat er sich auf die Suche gemacht
und ein paar Extra-Marken mitgebracht.

An Mevrouw G. v. P.
Ich will etwas stricken, die Wolle, die reicht
für ein Hemdchen oder 'ne Hose vielleicht,
doch ich kann noch nicht an die Arbeit gehn,
erst muss ich mich nach einem Muster umsehn.
Ich komm schnell voran, doch wie fatal,
es reicht nicht aus, das Material.
Ich ribble es auf, fang was anderes an,
einen Kopfputz für meinen Sohnemann.
Nun gefällt mir die Farbe nicht, ich lass es umfärben
bei Palthe werden sie die Wolle schon nicht verderben!

Mevrouw, eh' Sie erneut an die Arbeit gehn,
sollten Sie sich Nikolaus' Werk ansehn.
Der hat schon für Sie begonnen
und ein neues Muster ersonnen!

Ich hatte ein Stückchen gestrickt und auf Streichhölzer geschoben.

Mittwoch, 22. Dezember 1943

Liebe Kitty,

eine schwere Grippe hat mich daran gehindert, Dir früher als heute zu schreiben. Es ist scheußlich, hier krank zu sein; wenn ich husten musste, bin ich eins, zwei, drei unter die Bettdecke geschlüpft und habe versucht, meine Kehle so sanft wie möglich zum Schweigen zu bringen, was meistens zur Folge hatte, dass das Kitzeln überhaupt nicht mehr aufhörte und Milch mit Honig, Zucker oder Pastillen nötig wurden. Wenn ich an die Kuren denke, die ich durchmachen musste, wird mir schwummrig, Schwitzen, Umschläge, feuchte Brustwickel, trockene Brustwickel, heiße

Getränke, Gurgeln, Pinseln, Stillliegen, Heizkissen, Wärmflaschen, Zitronenwasser, und dann noch alle zwei Stunden Fiebermessen. Kann man auf so eine Art eigentlich gesund werden? Am schlimmsten aber fand ich es, als Mijnheer Pfeffer Doktor spielte und seinen Pomadekopf an meine nackte Brust legte, um die Geräusche darin abzuhorchen. Nicht nur, dass mich seine Haare schrecklich kitzelten, ich genierte mich, obwohl er vor dreißig Jahren mal studiert hat und den Doktortitel führt. Was hat sich der Kerl an mein Herz zu schmiegen? Er ist doch nicht mein Geliebter! Und überhaupt, was dort drinnen gesund oder nicht gesund ist, hört er sowieso nicht, seine Ohren müssten erst mal ausgespült werden, langsam macht er beängstigend stark den Eindruck, schwerhörig zu sein.

Aber nun genug von der Krankheit. Ich bin wieder putzmunter, einen Zentimeter gewachsen, zwei Pfund schwerer, blass und lernhungrig.

Viel Neues gibt es nicht zu berichten; Bep ist noch immer von uns getrennt, wir kriegen zu Weihnachten zusätzliches Öl, Süßigkeiten und Sirup, das Geschenk war eine Brosche aus einer Zweieinhalbcentmünze, und das ordentlich glänzend. Kurz gesagt, unbeschreiblich schön.

Das Wetter ist diesig, der Ofen stinkt, das Essen drückt allen schwer auf den Magen, was von allen Seiten donnernde Geräusche verursacht, Kriegsstillstand, Miststimmung

Deine Anne.

Freitag, 24. Dezember 1943

Liebe Kitty,

ich habe Dir schon öfter berichtet, dass wir hier alle so oft Stimmungsschwankungen haben, und ich glaube, dass dieses Übel bei mir vor allem in letzter Zeit stark zunimmt. *Himmelhoch jauchzend, zu Tode betrübt* trifft hier wohl wirklich zu.

Himmelhoch jauchzend bin ich, wenn ich daran denke, wie gut wir es hier haben, und wenn ich mich mit anderen jüdischen Kindern vergleiche, und *zu Tode betrübt* überfällt mich zum Beispiel, wenn Mevrouw Kleiman hier war und von Jopies Hockeyklub, ihren Kanutouren, Theatervorstellungen und Teenachmittagen mit Freunden erzählt hat. Ich glaube nicht, dass ich neidisch auf Jopie bin, aber ich wünsche mir dann so sehr, auch mal richtig Spaß zu haben und zu lachen, bis mir der Bauch wehtut. Besonders jetzt im Winter, mit den freien Weihnachts- und Neujahrstagen, dann leben wir hier wie Ausgestoßene, und trotzdem darf ich diese Worte eigentlich nicht aufschreiben, weil ich dann als undankbar erscheine, doch egal, was man vielleicht von mir denkt, ich kann nicht alles für mich behalten und wiederhole deshalb noch einmal meine Anfangsworte: »Papier ist geduldig.«

Wenn jemand gerade von draußen hereinkommt, den Wind in den Kleidern und die Kälte im Gesicht, möchte ich am liebsten den Kopf unter die Decke stecken, um nicht zu denken: »Wann ist es uns wieder vergönnt, Luft zu riechen.« Und weil ich meinen Kopf nicht unter Decken verbergen darf, ihn im Gegenteil aufrecht und tapfer hochhalten muss, kommen die Gedanken doch, nicht nur einmal, sondern viele, unzählige Male.

Glaub mir, wenn man anderthalb Jahre eingeschlossen ist, kann es einem an manchen Tagen mal zu viel werden. Auch wenn es nicht gerechtfertigt oder undankbar ist – Gefühle lassen sich nicht wegdrücken. Rad fahren, tanzen, pfeifen, in die Welt schauen, mich jung fühlen, wissen, dass ich frei bin, danach sehne ich mich, aber ich darf es nicht zeigen, denn stell Dir vor, wir würden uns alle acht beklagen oder unzufriedene Mienen aufsetzen, wohin würde das führen?

Deine Anne.

Sonntag, 2. Januar 1944

Liebe Kitty,

als ich heute Vormittag nichts zu tun hatte, blätterte ich in meinem Tagebuch und stieß mehrmals auf Briefe, die das Thema »Mutter« mit so heftigen Worten behandeln, dass ich einen Schreck bekam und mich fragte: »Anne, bist du es, die von Hass gesprochen hat, oh, Anne, wie konntest du das tun?« Ich blieb mit der aufgeschlagenen Seite in der Hand sitzen und dachte darüber nach, warum ich so bis oben hin voller Wut und wirklich auch irgendwie voller Hass gewesen bin, dass ich Dir das alles anvertrauen musste. Ich habe versucht, die Anne von vor einem Jahr zu verstehen und zu entschuldigen, aber mein Gewissen ist nicht rein, solange ich diese Anschuldigungen vor Dir bestehen lasse, ohne Dir jetzt im Nachhinein zu erklären, wie ich dazu gekommen bin. Ich leide und litt unter Stimmungsschwankungen, die mir (bildlich gesprochen) den Kopf unter Wasser drückten, sodass ich die Dinge, wie sie waren, nur subjektiv sah, ohne zu versuchen, in Ruhe über die Worte der Gegenseite nachzudenken und dann mit Verständnis für denjenigen zu handeln, den ich mit meinem aufbrausenden Temperament beleidigt oder verletzt hatte.

Ich habe mich in mich selbst verkrochen, nur mich gesehen und jede Freude, jeden Spott und jeden Kummer ungestört im Tagebuch festgehalten. Dieses Tagebuch hat für mich zwar einen Wert, weil es oft zu einem Erinnerungs-Buch geworden ist, doch auf vielen Seiten könnte ich eigentlich »vorbei« danebenschreiben.

Ich war wütend auf Mutter (bin es oft noch), sie hat mich nicht verstanden, das ist wahr, ich sie aber auch nicht. Da sie mich trotzdem lieb hatte, war sie sanft mir gegenüber, doch da ich sie auch in viele unangenehme Situationen gebracht habe und sie deshalb und durch viele andere traurige Umstände nervös und reizbar war, ist es sehr begreiflich, dass sie mich angeschnauzt hat. Ich habe das viel zu ernst genommen, war beleidigt und frech und hässlich zu ihr, was ihr dann neuen Kummer bereitete. Es war also eigentlich ein Hin und Her von Unschönem und Betrüblichem. Angenehm war es sicher für uns beide nicht, aber es geht vorbei. Dass ich das nicht einsehen wollte und großes Selbstmitleid hatte, ist ebenfalls begreiflich.

Die Sätze, die zu heftig sind, sind nur Ausdruck von Wut, die ich im normalen Leben mit ein paarmal Aufstampfen hinter verschlossener Tür oder mit Schimpfen hinter Mutters Rücken ausgelebt hätte.

Die Zeiten, in denen ich Mutter unter Tränen verurteile, sind vorbei, ich bin klüger geworden, und Mutters Nerven haben sich einigermaßen beruhigt. Ich halte meistens den Mund, wenn ich mich ärgere, und sie macht es genauso, und deshalb geht es dem Anschein nach viel besser.

Denn Mutter wirklich lieben, mit der anhänglichen Liebe eines Kindes, das kann ich nicht.

Ich beruhige mein Gewissen nun halt mit dem Gedanken, dass Schimpfworte besser auf dem Papier stehen, als dass Mutter sie in ihrem Herzen mit sich tragen muss.

Deine Anne.

Donnerstag, 6. Januar 1944

Liebe Kitty,

mein Bedürfnis, einmal mit jemandem zu reden, wurde so groß, dass es mir irgendwie in den Sinn kam, Peter dafür auszuwählen. Wenn ich manchmal oben in Peters kleinem Zimmer war, bei Tageslicht, fühlte ich mich dort immer sehr wohl, aber weil Peter so bescheiden ist und nie jemanden, der ihm zu lästig wird, vor die Tür setzt, habe ich es nie gewagt, länger zu bleiben, denn ich hatte Angst, ich könnte ihm auf die Nerven gehen. Ich suchte nach einer Gelegenheit, unauffällig in seinem Zimmer zu bleiben und ihn in ein Gespräch zu verwickeln, und so eine Gelegenheit ergab sich gestern. Peter hat nämlich seit Neuestem eine Kreuzworträtselmanie und macht nichts anderes mehr als Herumknobeln. Ich half ihm dabei, und schon bald saßen wir uns an seinem kleinen Tisch gegenüber, er auf dem Stuhl, ich auf der Couch.

Mir wurde seltsam zumute, als ich in seine dunkelblauen Augen schaute und sah, wie verlegen er war durch den ungewohnten Besuch. Ich hätte ihn gern gefragt: »Erzählst du mir etwas von dir? Sieh über die schlimme Geschwätzigkeit hinweg.« Ich merkte aber, dass man sich solche Fragen leichter im Kopf zurechtlegen als sie wirklich stellen kann.

Abends im Bett fand ich die ganze Situation alles andere als aufmunternd, und die Vorstellung, dass ich um Peters Gunst flehen muss, einfach abstoßend. Doch man tut vieles, um seine Bedürfnisse zu befriedigen, das siehst Du ja an mir, denn ich nahm mir vor, öfter bei Peter zu sitzen und ihn irgendwie zum Sprechen zu bewegen.

Denk nun bloß nicht, dass ich in Peter verliebt bin, davon ist keine Rede. Wenn die van Pels keinen Sohn, sondern eine Tochter hätten, würde ich auch mit ihr Freundschaft schließen wollen.

Heute Morgen wurde ich um etwa fünf Minuten vor sieben wach und wusste sofort ganz genau, was ich geträumt hatte. Ich saß auf einem Stuhl, und mir gegenüber saß Peter ... Schiff, wir blätterten in einem Buch mit Zeichnungen von Mary Bos, die immer nur auf eine Seite gezeichnet waren, auf der anderen standen verschiedene Vorbildfiguren. Mein Traum war so klar, dass ich mich an die Zeichnungen teilweise noch erinnere. Aber das war nicht alles, der Traum ging weiter, plötzlich trafen sich unsere Blicke, und ich schaute lange in Peters schöne, samtbraune Augen, dann sagte Peter ganz leise: »Wenn ich das gewusst hätte, wäre ich schon längst zu dir gekommen!« Brüsk drehte ich mich um, denn ich war zu sehr berührt. Und dann spürte ich eine weiche, ach so kühle und wohltuende Wange an meiner, und alles wurde so gut, so gut ...

An diesem Punkt angekommen, wurde ich wach, während ich noch seine Wange an meiner spürte und fühlte, wie seine braunen Augen tief in mein Herz sahen, so tief, dass er darin lesen konnte, wie sehr ich ihn geliebt hatte und noch immer liebte. Die Tränen traten mir wieder in die Augen, und ich war sehr traurig, dass ich ihn noch einmal verloren hatte, zugleich aber auch froh, weil ich mir wieder sicher war, dass Peter noch immer mein Auserwählter ist.

Es ist sonderbar, dass ich oft solche klaren Traumbilder habe. Erst sah ich Omi eines Nachts so deutlich vor mir, dass ihre Haut wie aus dickem, weichem Faltensamt war. Dann erschien mir Oma als Schutzengel, danach Hanneli, die mir auch wie ein Sinnbild für das Elend all meiner Freunde und aller Juden vorkommt; wenn ich also für sie bete, bete ich für alle Juden und armen Menschen zusammen. Und nun Peter, mein lieber Peter, ich muss kein Foto von ihm besitzen, ich habe ihn auch so vor Augen.

Freitag, 7. Januar 1944

Liebe Kitty,

was bin ich doch für ein Schafskopf, ich hab überhaupt nicht daran gedacht, dass ich Dir die Geschichte meiner großen Liebe nie erzählt habe. Als ich noch sehr klein war, sogar noch im Kindergarten, hatte ich eine große Zuneigung zu Sally Kimel gefasst. Er hatte keinen Vater mehr und wohnte mit seiner Mutter bei einer Tante. Ein Cousin von Sally, Appy, war ein hübscher, schlanker, dunkelhaariger Junge, der später ein Muster von Filmheldenhaftigkeit wurde und stets mehr Bewunderung weckte als Sally, der kleine, humorvolle Pummel. Eine Zeit lang waren wir viel zusammen, meine Liebe blieb aber ansonsten unerwidert, bis mir Peter über den Weg lief und mich eine doppelt und dreifache Kinderverliebtheit überkam. Er hatte mich auch gern, und einen Sommer lang waren wir unzertrennlich. Ich sehe uns in Gedanken noch Hand in Hand die Zuider Amstellaan entlanggehen, er in einem weißen Baumwollanzug, ich in einem kurzen Sommerkleid. Nach den großen Ferien kam er in die höhere Schule und ich in die 6. Klasse der Grundschule. Er holte mich von der Schule ab und ich ihn. Peter war ein Bild von einem Jungen, groß, hübsch, schlank, mit einem ernsten, ruhigen und intelligenten Gesicht. Er hatte dunkle Haare und wunderschöne braune Augen, rötlich-braune Wangen und eine spitze Nase. Vor allem sein Lächeln hatte es mir angetan, er sah dann so spitzbübisch aus und verschmitzt.

Ich war in den Ferien nicht in der Stadt, und als ich zurückkam, fand ich Peter nicht mehr an seiner alten Adresse; er war inzwischen umgezogen und wohnte mit einem viel älteren Jungen zusammen. Der machte ihn anscheinend darauf aufmerksam, dass ich ein kindischer Knirps war, und Peter ließ mich fallen. Ich liebte ihn so sehr, dass ich es nicht wahrhaben wollte und an ihm festhielt, bis der Tag kam, an dem ich erkannte, dass jeder denken würde, ich hätte nur Jungs im Kopf, wenn ich ihm noch länger nachliefe.

Die Jahre verstrichen, Peter ging mit Mädchen in seinem Alter um und dachte nicht mehr daran, mich zu grüßen.

Ich kam in die jüdische Oberschule, viele Jungs aus unserer Klasse verliebten sich in mich, ich genoss es und fühlte mich geschmeichelt, aber weiter berührte es mich nicht. Noch etwas später hatte sich Hello in mich verknallt, doch wie schon gesagt, ich habe mich nie mehr verliebt.

Es gibt ein Sprichwort: Die Zeit heilt alle Wunden, und so ist es auch mir ergangen; ich redete mir ein, dass ich Peter vergessen hatte und ihn überhaupt nicht mehr nett fand. Die Erinnerung an ihn lebte jedoch so stark weiter, dass ich mir manchmal eingestand, eifersüchtig auf die anderen Mädchen zu sein und ihn aus diesem Grund nicht mehr nett zu finden. Heute Morgen habe ich gemerkt, dass sich nichts geändert hat, im Gegenteil, während ich älter geworden bin und reifer, ist meine Liebe in mir mitgewachsen. Sein Gesicht stand so deutlich vor mir, und ich weiß, dass niemand anders so in mir haften bleiben kann.

Nach dem Traum bin ich völlig durcheinander. Was kann mir helfen? Ich muss einfach weiterleben und zu Gott beten, dass er, wenn ich hier herauskomme, Peter auf meinen Weg führen wird und dass der, während er in meinen Augen meine Gefühle liest, sagen wird: »Oh, Anne, wenn ich das gewusst hätte, wäre ich längst zu dir gekommen.«

Deine Anne.

Mittwoch, 12. Januar 1944

Liebe Kitty,

seit vierzehn Tagen ist Bep wieder bei uns, obwohl ihre Schwester erst ab nächste Woche in die Schule darf. Sie selber lag zwei Tage mit einer heftigen Erkältung im Bett. Auch Miep und Jan konnten zwei Tage nicht an ihrem Arbeitsplatz sein, beide hatten sich den Magen verdorben. Ich habe gerade eine Tanz- und Ballett-Anwandlung und übe jeden Abend fleißig Tanzschritte. Aus einem fliederfarbenen Unterrock mit Spitze von Mansa habe ich ein hypermodernes Tanzkleid fabriziert. Oben ist ein Bändchen durchgezogen, das über der Brust schließt; ein rosa, geripptes Band macht das Ganze komplett. Vergebens habe ich versucht, aus meinen Turnschuhen echte Ballettschläppchen zu machen. Meine steifen Glieder sind auf dem besten Weg, so geschmeidig wie früher zu werden. Auf dem Boden zu sitzen, mit jeder Hand eine Ferse festzuhalten und dann beide Beine in die Luft zu strecken, finde ich eine Spitzenübung. Ich muss allerdings ein Kissen als Unterlage nehmen, sonst wird mein armes Steißbein zu sehr misshandelt.

Hier lesen sie ein Buch mit dem Titel »Morgen ohne Wolken«, Mutter fand es außerordentlich gut, weil viele Jugendprobleme darin beschrieben sind. Ein bisschen ironisch dachte ich bei mir, »kümmere du dich mal erst um deine eigenen Jugendlichen!«

Ich glaube, Mutter sind die Augen immer noch nicht geöffnet worden, um zu sehen, dass unser Verhältnis zu unseren Eltern längst nicht so obererstklassig ist, wie sie sich das immer vorgestellt hat und auch glaubt. Ich spreche von uns beiden, ist dir das aufgefallen? Margot ist so nett geworden, sie kommt mir ganz anders vor als früher, sie ist lange nicht so kratzbürstig und wird zu einer richtigen Freundin. Sie betrachtet mich überhaupt nicht mehr als die Kleine, die man nicht ernst zu nehmen braucht.

Es ist eine seltsame Sache, dass ich mich manchmal wie mit den Augen eines anderen Menschen sehe. Ich betrachte die Angelegenheiten einer gewissen Anne Robin dann in aller Ruhe und blättere in meinem eigenen Lebensbuch, als sei es das einer Fremden.

Früher (als ich noch nicht so viel nachgedacht habe) hatte ich hin und wieder das Gefühl, dass ich nicht zu Mansa, Pim und Margot gehörte und immer eine Außenseiterin bleiben würde, manchmal spielte ich dann mindestens ein halbes Jahr lang die Rolle eines Waisenkindes, bis ich mich selbst bestrafte und mir vorwarf, ganz allein daran schuld zu sein, dass ich die Leidensperson spielte, obwohl ich es immer noch so gut hatte. Dann folgte eine Zeit, in der ich mich zwang, freundlich zu sein. Jeden Morgen, wenn jemand die hohe Bodentreppe (zu Hause!) herunterkam, hoffte ich, dass es Mutter war, die mir einen guten Morgen wünschen wollte. Mit der einen oder anderen kritischen

Bemerkung war sie dann unfreundlich zu mir, und ich ging völlig niedergeschmettert zur Schule. Auf dem Nachhauseweg entschuldigte ich sie, dachte mir, dass sie Sorgen hatte, kam vergnügt nach Hause, redete endlos, bis sich die Sache vom Morgen wiederholte und ich mit nachdenklichem Gesicht mit meiner Schultasche wieder loszog.

Manchmal nahm ich mir vor, wütend zu bleiben, aber wenn ich nach der Schule zu Hause angekommen war, hatte ich so viel Neues zu erzählen, dass ich meinen Vorsatz längst vergessen hatte und Mutter unter allen Umständen ein offenes Ohr für alle meine Erlebnisse haben musste.

Bis wieder eine Zeit kam, in der ich morgens nicht mehr nach Schritten auf der Treppe horchte, mich einsam fühlte und abends Tränen auf mein Kissen vergoss.

Hier ist alles viel schlimmer geworden, nun ja, Du weißt es, und jetzt bin ich so weit, dass ich einen Kuss auf meinen goldenen Anhänger drücke, denke, »was geht mich der ganze Kram eigentlich an«, und Zukunftspläne mache!

Deine Anne.

PS: Dir ist vielleicht aufgefallen, dass ich Mutter meistens Mans oder Mansa nenne. Das habe ich mir ausgedacht, um doch noch so etwas wie Mams zu ihr zu sagen. Es ist quasi eine unvollkommene Mams, die ich so gern mit einem weiteren Bogen am »n« ehren würde und die die Bedeutung ihres Namens zum Glück nicht kennt.

Deine Anne.

Samstag, 15. Januar 1944

Liebe Kitty,

es hat keinen Sinn, wenn ich Dir unsere Streitigkeiten und Wortgefechte immer wieder bis ins Kleinste beschreibe. Ich denke, es reicht, wenn ich Dir erzähle, dass wir sehr viele Dinge wie

Fett und Fleisch getrennt haben und deshalb nun unsere eigenen Bratkartoffeln essen und uns beim Fleisch weder um den Geschmack der van Pels kümmern noch die Töpfe kontrollieren müssen, um die verschwundenen Stückchen dazuzudichten. Seit einiger Zeit essen wir etwas Roggenbrot zusätzlich, weil wir um vier Uhr schon das Essen herbeisehnten und unseren knurrenden Magen kaum unter Kontrolle halten konnten.

Mutters Geburtstag nähert sich mit raschen Schritten; sie hat von Kugler eine Extraration Zucker bekommen, ein Anlass für Neid vonseiten der van Pels, weil bei Mevrouws Geburtstag die Leckerei ausgefallen ist. Aber wozu soll es gut sein, wenn ich Dich noch weiter mit harten Worten, Weinkrämpfen und wütenden Diskussionen anöde, es reicht, wenn Du weißt, dass sie uns noch mehr auf die Nerven gehen.

Mutter hat den einstweilen unerfüllbaren Wunsch geäußert, Mijnheer van Pels' Gesicht vierzehn Tage lang nicht sehen zu müssen.

Ich frage mich ständig, ob man mit allen Menschen, mit denen man so lange zusammenlebt, auf die Dauer Streit bekommt. Oder haben wir vielleicht großes Pech gehabt? Wenn sich Pfeffer bei Tisch von einer halben Schüssel Soße ein Viertel nimmt und ungerührt alle anderen ohne Soße essen lässt, vergeht mir der Appetit, und ich würde am liebsten aufspringen, ihn vom Stuhl zerren und vor die Tür setzen.

Ist der größte Teil der Menschheit denn so egoistisch und gierig? Van Pels' Devise ist: »Wenn wir genug haben, können die anderen was kriegen; wir das Beste, wir zuerst, wir das meiste!« Pfeffer geht noch einen Schritt weiter: »Ich nehme mir von allem so viel, wie ich will, achte nicht darauf, ob etwas übrig bleibt, und erkläre allen, dass ich sehr bescheiden bin!« Es ist mir ganz recht, dass ich hier ein kleines bisschen Menschenkenntnis bekommen habe, aber ich denke, so langsam reicht's. Der Krieg stört sich nicht an unseren Streitigkeiten, Freiheits- und Frischluftneigungen, und deshalb müssen wir versuchen, das Beste aus unserem Aufenthalt zu machen. Ich predige nun, aber ich glaube auch, wenn ich hier noch lange bin, werde ich zu einer ausgetrockneten Bohnenstange. Dabei wäre ich so gern noch ein richtiger Backfisch!

Deine Anne.

Samstag, 22 Januar 1944

Liebe Kitty,

kannst Du mir vielleicht sagen, wie es kommt, dass alle Menschen ihr Inneres so ängstlich verbergen? Wie kommt es, dass ich mich in Gesellschaft immer ganz anders verhalte, als ich mich verhalten sollte? Warum vertraut der eine dem andern so wenig? Ich weiß, es wird bestimmt einen Grund dafür geben, aber manchmal finde ich es sehr schlimm, dass man nirgends ein wenig Vertrautheit findet, nicht mal bei den Menschen, die einem am nächsten stehen.

Mir kommt es so vor, als wäre ich seit der Nacht meines Traums älter geworden, viel mehr eine Person für mich selbst. Du wirst bestimmt große Augen machen, wenn ich Dir sage, dass sogar die van Pels einen anderen Platz bei mir bekommen haben. Ich betrachte auf einmal die ganzen Diskussionen usw. usw. nicht mehr von unserem voreingenommenen Standpunkt aus. Wodurch habe ich mich so verändert? Ja weißt Du, ich dachte auf einmal daran, dass das Verhältnis zwischen Mutter und mir ein völlig anderes wäre, wenn Mutter anders wäre, also eine richtige Mams. Es stimmt natürlich, dass Mevrouw van Pels alles andere als ein feiner Mensch ist, und trotzdem denke ich, die Hälfte aller Streitigkeiten hätte vermieden werden können, wenn Mutter sich nicht bei jedem zugespitzten Gespräch so unmöglich verhalten hätte. Mevrouw van Pels hat nämlich eine Sonnenseite, und zwar, dass man mit ihr reden kann. Trotz des ganzen Egoismus, der Gier und Hinterhältigkeit kann man sie leicht zum Einlenken bewegen, wenn man sie nur nicht reizt und ihren Trotz herausfordert. Bis zum nächsten Anlass wirkt dieses Mittel nicht, aber wenn man geduldig ist, kann man dann noch einmal probieren, wie weit man kommt.

Alle unsere Erziehungsfragen, die Verwöhnerei, das Essen, alles, alles, alles hätte einen ganz anderen Verlauf genommen, wenn man offen und freundschaftlich geblieben wäre und nicht immer nur die schlechten Seiten vor Augen gehabt hätte. Ich weiß genau, was Du sagen würdest, Kitty: »Aber Anne, kommen diese Worte wirklich von dir? Von dir, wo du dir so viele harte Worte von oben anhören musstest, von dir, die das ganze Unrecht kennt, das geschehen ist!«

Und trotzdem, es sind meine Worte. Ich will alles von Neuem ergründen und mich dabei nicht an das Sprichwort halten: »Wie die Alten sungen, so zwitschern auch die Jungen.« Ich will selber die van Pels erforschen und sehen, was wahr und was übertrieben ist. Wenn ich dann selber die Enttäuschung erlebt habe, kann ich wieder in den gleichen Bahnen denken wie Vater und Mutter, wenn nicht, nun denn, dann werde ich erst versuchen, sie von ihrem falschen Bild abzubringen, und wenn das nicht gelingen sollte, werde ich trotzdem bei meiner eigenen Meinung und meinem eigenen Urteil bleiben.

Ich will jede Gelegenheit nutzen, offen mit Mevrouw über viele Streitpunkte zu reden, und keine Angst davor haben, meine neutrale Meinung zu äußern, auch wenn ich als Besserwisserin gelte.

Was sich gegen meine eigene Familie richtet, muss ich zwar verschweigen, aber andere schlechtzumachen, gehört für mich von heute an zur Vergangenheit, obwohl das nicht bedeutet, dass ich jemals aufhören werde, meine Familie gegen wen auch immer zu verteidigen.

Bis jetzt war ich felsenfest davon überzeugt, dass alle Schuld an den Streitigkeiten bei ihnen liegt, doch zum Großteil lag es sicher auch an uns. Wir hatten zwar in der Sache recht, aber von vernünftigen Menschen (zu denen wir uns zählen!) erwartet man doch etwas mehr Einsicht im Umgang mit anderen.

Ich hoffe, dass ich ein Fitzelchen von dieser Einsicht erlangt habe und Gelegenheit finden werde, es gut anzuwenden.

Deine Anne.

Montag, 24. Januar 1944

Liebe Kitty,

mir ist etwas passiert (oder eigentlich kann ich nicht von »passieren« sprechen), was ich selber sehr seltsam finde.

Früher, zu Hause und in der Schule, wurde über Geschlechtsfragen entweder geheimnisvoll oder abstoßend gesprochen. Wörter, die damit zu tun hatten, wurden geflüstert, und wer etwas nicht wusste, wurde ausgelacht. Ich fand das merkwürdig und dachte oft: »Warum spricht man über diese Dinge geheimnisvoll oder hässlich?« Aber weil sich daran sowieso nichts ändern ließ, hielt ich so viel wie möglich den Mund oder zog bei meinen Freundinnen Erkundigungen ein. Als ich über vieles Bescheid wusste, sagte Mutter einmal: »Anne, ich gebe dir einen guten Rat, sprich über dieses Thema nie mit Jungen und gib keine Antwort, wenn sie davon anfangen.« Ich weiß meine Antwort ganz genau, ich sagte: »Nein, natürlich nicht, wie könnte ich!« Und dabei ist es geblieben.

Am Anfang der Versteckzeit sagte Vater oft etwas über Sachen, die ich lieber von Mutter gehört hätte, und den Rest habe ich mir aus Büchern oder Gesprächen zusammengereimt. Peter van Pels war nie so unangenehm auf diesem Gebiet wie die Jungs in der

Schule, am Anfang vielleicht ganz selten mal, aber nie, um mich zum Reden zu bewegen.

Gestern, als Margot, Peter und ich Kartoffeln pellten, kam das Gespräch von selbst auf Moffi. »Wir wissen immer noch nicht, welches Geschlecht Moffi hat, oder?«, fragte ich.

»Doch, klar«, antwortete er, »er ist ein Kater.«

Ich musste lachen: »Schöner Kater, der in anderen Umständen ist.«

Peter und Margot lachten mit über den lustigen Irrtum. Peter hatte nämlich vor etwa zwei Monaten festgestellt, dass es nicht mehr lange dauern würde, bis Moffi Kinder bekäme, ihr Bauch wurde sagenhaft dick. Der Umfang kam allerdings, wie sich herausstellte, von den vielen stibitzten Keulchen, und die Kleinen wuchsen nicht, geschweige denn, dass sie zur Welt kamen. Peter musste sich gegen diese Anschuldigungen dann doch verteidigen. »Nein«, sagte er, »du kannst selber mitkommen und ihn dir ansehen, als ich mal mit ihm gerauft habe, habe ich genau gesehen, dass er ein Kater ist.«

Ich konnte meine Neugier nicht unterdrücken und ging mit ins Magazin. Moffi hatte jedoch keine Besuchszeit und war nirgends zu erblicken; wir warteten eine Weile, und als uns kalt wurde, stiegen wir die ganzen Treppen wieder hinauf.

Am späten Nachmittag hörte ich Peter zum zweiten Mal nach unten gehen; ich nahm allen Mut zusammen, um allein durchs stille Haus zu gehen, und kam im Magazin an. Auf dem Packtisch stand Moffi und spielte mit Peter, der ihn gerade auf die Waage stellte, um sein Gewicht zu kontrollieren. »Hallo, willst du ihn dir ansehen?« Ohne große Umstände hob er das Tier hoch, drehte es auf den Rücken, hielt sehr geschickt Kopf und Pfoten fest und der Unterricht begann. »Dies ist das männliche Geschlechtsteil, das sind ein paar lose Härchen, und das ist sein

Hintern.« Der Kater machte noch mal eine halbe Drehung und stand wieder auf seinen weißen Söckchen.

Jeden anderen Jungen, der mir »das männliche Geschlechtsteil« so gezeigt hätte, hätte ich nicht mehr angeguckt. Aber Peter sprach ganz normal weiter über das sonst so peinliche Thema, er hatte überhaupt keine hässlichen Hintergedanken, und das beruhigte mich schließlich so weit, dass ich auch normal wurde.

Wir spielten mit Moffi, hatten unseren Spaß, quatschten miteinander und schlenderten schließlich durch das weiträumige Lagerhaus zur Tür.

»Ich stoße auf meine Informationen immer zufällig in irgendeinem Buch, geht dir das auch so?«, fragte ich.

»Warum, ich frage sie oben einfach. Meine Eltern wissen das besser als ich und haben mehr Erfahrung.«

Wir standen schon auf der Treppe, und ich schwieg.

»Alles kann sich ändern«, das ist ein Spruch von Bredero. Ja, tatsächlich, so normal hätte ich nie mit einem Mädchen darüber geredet. Ich bin mir auch sicher, dass Mutter das nicht gemeint hatte, als sie mich vor den Jungs warnte.

Trotz allem war ich den ganzen Tag ein bisschen aus dem gewohnten Gleis, als ich noch einmal über unser Gespräch nachdachte, kam es mir doch eigenartig vor. Aber in einem Punkt bin ich immerhin klüger geworden: Es gibt auch junge Menschen, sogar vom anderen Geschlecht, die ungezwungen reden können, ohne Witze zu machen.

Ob Peter seine Eltern wohl wirklich nach vielem fragt, ob er wohl tatsächlich so ist, wie er sich gestern gegeben hat?

Ach, was weiß ich davon?!!!!!

Deine Anne.

Freitag, 28. Januar 1944

Liebe Kitty,

in letzter Zeit habe ich eine große Vorliebe für Stammbäume und genealogische Tabellen von Königshäusern entwickelt und bin zu der Schlussfolgerung gelangt, dass man, wenn man erst einmal mit dem Suchen anfängt, immer tiefer in der Vergangenheit graben muss und immer interessantere Entdeckungen macht. Obwohl ich außergewöhnlich fleißig bin, was meine Schulfächer betrifft, und schon ziemlich gut dem *Home Service* im englischen Rundfunk folgen kann, verbringe ich noch viele Sonntage mit dem Sichten und Sortieren meiner großen Filmstarsammlung, die einen sehr respektablen Umfang angenommen hat. Mijnheer Kugler macht mir jeden Montag eine Freude, wenn er die *Cinema & Theater* mitbringt; obwohl die unmondänen Mitbewohner diese Verwöhnerei oft als Geldverschwendung bezeichnen, sind sie jedes Mal wieder verwundert, wie exakt ich noch nach einem Jahr sämtliche Mitwirkenden in einem bestimmten Film aufzählen kann. Bep, die an freien Tagen oft mit ihrem Freund ins Kino geht, teilt mir den Titel der eingeplanten Filme samstags mit, und ich rassle ihr sowohl die Hauptdarsteller als auch die Kritik an einem Stück herunter.

Es ist noch nicht lange her, da hat Mans gesagt, ich brauchte später nicht ins Kino zu gehen, weil ich den Inhalt, die Stars und die Kritik schon im Kopf habe.

Wenn ich mal an irgendeinem Tag mit einer neuen Frisur in Erscheinung trete, sehen mich alle mit abfälliger Miene an, und ich kann mich drauf verlassen, dass jemand fragt, bei welcher Filmschauspielerin ich mir diese Coiffure abgeschaut habe. Erwidere ich dann, dass es eine eigene Kreation ist, glauben sie mir nur halb. Was die Frisur angeht, die sitzt nicht länger als eine halbe Stunde gut, dann habe ich die abfälligen Kommentare so satt, dass ich ins Badezimmer eile und schnell meine normale Lockenfrisur wiederherstelle.

Deine Anne.

Freitag, 28. Januar 1944

Liebe Kitty,

heute Morgen habe ich mich gefragt, ob Du Dir nicht vorkommst wie eine Kuh, die all die alten Neuigkeiten ständig wiederkäuen muss und wegen der einseitigen Ernährung schließlich furchtbar gähnt und sich im Stillen wünscht, dass Anne mal was Neues aufgabelt. Ja, leider, ich weiß, das Alte ist langweilig für Dich, aber stell Dir mal vor, wie sehr mir die alten Geschichten auf den Wecker gehen, die immer wieder aufgewärmt werden. Wenn es bei einem Tischgespräch nicht um Politik oder ein herrliches Essen geht, nun, dann kramen Mutter oder Mevrouw mal wieder längst erzählte Jugendgeschichten aus, oder Pfeffer schwafelt von dem überreich gefüllten Kleiderschrank seiner Frau, edlen Rennpferden, leckgeschlagenen Ruderbooten, Jungs, die mit vier Jahren schwimmen, Muskelkater und ängstlichen Patienten. Es läuft immer auf dasselbe hinaus: Wenn einer von den acht den Mund aufmacht, können die anderen sieben seine angefangene Geschichte zu Ende erzählen.

Bei jedem Witz kennen wir die Pointe schon, und der Erzähler lacht allein darüber. Die verschiedenen Milchmänner, Lebensmittelhändler und Metzger der Ex-Hausfrauen sehen wir in unserer Fantasie schon mit einem Bart, so oft wurden sie bei Tisch in den Himmel gehoben oder niedergemacht; es ist unmöglich, dass etwas noch jung ist oder frisch, wenn es im Hinterhaus zur Sprache kommt.

Das alles wäre noch auszuhalten, wenn die Erwachsenen nicht die Unsitte hätten, Geschichten, die Kleiman, Jan oder Miep zum Besten geben, zehnmal wiederzuerzählen und sie dabei jedes Mal mit eigenen Erfindungen auszuschmücken, sodass ich mir oft unterm Tisch in den Arm kneifen muss, um den begeisterten Erzähler nicht zurechtzuweisen. Kleine Kinder, wie Anne eines ist, dürfen Erwachsene unter keinen Umständen verbessern, egal, welche Schnitzer sie sich leisten oder welche Unwahrheiten und Erfindungen sie sich aus den Fingern saugen.

Ein Thema, das Kleiman und Jan ziemlich oft würdigen, ist das Verstecken oder Untertauchen; sie wissen sehr gut, dass uns alles, was mit anderen untergetauchten oder versteckten Menschen zu tun hat, brennend interessiert und dass wir aufrichtig mitempfinden mit verhafteten Versteckten in ihrem Leid, wie auch mit befreiten Gefangenen in ihrer Freude. Untergetauchte und Versteckte sind zu einem ebenso normalen Begriff geworden wie früher Papas Pantoffeln, die vor dem Ofen stehen mussten. Organisationen wie *Vrij Nederland,* die Ausweise fälschen, Untergetauchten Geld zukommen lassen, Plätze zum Verstecken organisieren und versteckten jungen Christenmännern Arbeit beschaffen, gibt es sehr viele, und es ist erstaunlich, was für ein großes, nobles und selbstloses Werk von diesen Menschen verrichtet wird, die unter Einsatz ihres eigenen Lebens anderen helfen und andere retten. Das beste Beispiel dafür sind ja wirklich unsere Helfer, die uns bis jetzt durchgebracht haben und uns hoffentlich auch noch auf sicherem Grund abliefern werden, sonst müssen auch sie das Schicksal all jener teilen, die gesucht werden. Nie haben wir auch nur ein Wort gehört, das auf die Last hindeutet, die wir doch ganz bestimmt sind, nie beklagt sich einer von ihnen, dass wir ihnen zu viel Mühe machen. Jeden Tag kommen sie alle herauf, unterhalten sich mit den Männern über Firma und Politik, mit den Frauen über Essen und die Widrigkeiten der Kriegszeit, mit den Kindern über Bücher und Zeitungen. Sie machen, soweit es geht, eine heitere Miene, bringen Blumen und Geschenke zu Geburtstags- und Feiertagen mit, stehen immer und überall für uns bereit. Und das dürfen wir nie vergessen: Während andere Heldenmut im Krieg oder gegenüber den Deutschen zeigen, beweisen unsere Helfer Heldenmut in ihrer Fröhlichkeit und Liebe.

Die verrücktesten Geschichten machen die Runde, und trotzdem sind sie meistens wirklich passiert. Kleiman hat uns diese Woche zum Beispiel erzählt, dass in Gelderland zwei Mannschaften gegeneinander Fußball gespielt haben, wobei die eine ausschließlich aus Untergetauchten bestand und die zweite aus elf Mitgliedern der *Marechaussee*. In Hilversum werden neue Stammkarten ausgegeben, und damit die vielen Versteckten auch ihren Anteil an der Zuteilung erhalten (Lebensmittelkarten sind ausschließlich auf Stammkarte oder gegen sechzig Gulden pro Stück erhältlich), haben die für die Ausgabe zuständigen Beamten alle Untergetauchten aus dem Umkreis für eine bestimmte Uhrzeit bestellt, dann können sie sich ihre Karten an einem separaten Tisch abholen.

Man sollte aber vorsichtig sein, damit solche tollkühnen Sachen den Moffen nicht zu Ohren kommen.

Deine Anne.

Donnerstag, 3. Februar 1944

Liebe Kitty,

die Invasions-Stimmung nimmt im ganzen Land täglich zu, und wenn Du hier wärst, würdest Du bestimmt einerseits so wie ich von den ganzen Vorbereitungen beeindruckt sein, andererseits aber würdest Du uns auslachen, weil wir so einen großen Wirbel machen, und das vielleicht umsonst!

Alle Zeitungen sind voll von der Invasion und machen die Leute verrückt, weil sie schreiben: »Wenn die Engländer eventuell in den Niederlanden landen, werden die deutschen Behörden alles daransetzen müssen, das Land zu verteidigen, und es notfalls auch unter Wasser setzen.« Daneben sind Karten abgedruckt, auf denen die Teile der Niederlande schraffiert sind, die unter Wasser gesetzt werden können. Da große Teile Amsterdams zu dem schraffierten Bereich gehören, war die erste Frage, was tun, wenn das Wasser einen Meter hoch in den Straßen steht.

Auf diese schwierige Frage kamen von allen Seiten die unterschiedlichsten Antworten:

»Weil Radfahren und Laufen ausgeschlossen sind, werden wir das stehende Wasser durchwaten müssen.«

»Ach was, man muss versuchen zu schwimmen. Wir setzen uns alle eine Badekappe auf und ziehen einen Badeanzug an und schwimmen so viel wie möglich unter Wasser, dann sieht keiner, dass wir Juden sind.«

»Was für ein dummes Zeug, ich sehe die Damen schon schwimmen, wenn die Ratten sie in die Beine beißen.« (Das war natürlich ein Mann; mal sehen, wer am lautesten schreit!)

»Wir können dann nicht mehr raus aus dem Haus, das Magazin ist so baufällig, das stürzt bei so einer Wasserströmung bestimmt ein.«

»Hört mal, Leute, Scherz beiseite, wir werden versuchen, an ein kleines Boot zu kommen.«

»Wozu denn, ich weiß was viel Besseres, wir nehmen jeder eine Milchzuckerkiste vom Dachboden und rudern mit einem Kochlöffel.«

»Ich werde Stelzenlaufen, das konnte ich als Kind primissima.«

»Jan Gies hat das nicht nötig, der nimmt seine Frau bestimmt huckepack, dann hat Miep Stelzen.«

Nun weißt Du's so ungefähr, nicht wahr, Kit? Dieses ganze Geschwätz ist sehr lustig, die Wahrheit wird uns etwas anderes lehren. Die zweite Invasions-Frage konnte nicht ausbleiben. Was tun, wenn die Deutschen Amsterdam evakuieren?

»Mitgehen, uns so gut wie möglich tarnen.«

»Auf keinen Fall auf die Straße. Das Einzige ist Hierbleiben! Die Deutschen sind imstande, die ganze Bevölkerung immer weiter mit zurückzutreiben, bis alle in Deutschland sterben.«

Ja, natürlich, wir bleiben hier, hier ist es am sichersten. Wir werden versuchen, Kleiman zu überreden, mit seiner Familie hier ins Haus zu ziehen. Wir werden sehen, dass wir einen Sack Holzwolle bekommen, dann können wir auf dem Fußboden schlafen. Miep und Kleiman sollen schon mal Decken herbringen. Wir werden noch mehr Getreide zu unseren sechzig Pfund bestellen. Jan soll versuchen, Hülsenfrüchte zu bekommen, wir haben ungefähr sechzig Pfund braune Bohnen und zehn Pfund Erbsen im Haus. Vergesst die fünfzig Dosen Gemüse nicht. Mutter, zähl mal eben die anderen Essensvorräte:

Zehn Dosen Fisch, vierzig Dosen Milch, zehn Kilo Milchpulver, drei Flaschen Öl, vier Weckgläser Butter, vier Weckgläser Fleisch, zwei Korbflaschen Erdbeersaft, zwei Flaschen Saft von Himbeeren und roten Johannisbeeren, zwanzig Flaschen Tomatensuppe, zehn Pfund Haferflocken, acht Pfund Reis, das ist alles.

Unser Vorrat ist gar nicht so schlecht, aber wenn man bedenkt, dass wir ja auch noch Besuch durchfüttern müssen und jede Woche etwas davon verbrauchen, erscheint er viel größer, als er in Wirklichkeit ist.

Kohlen und Brennholz sind genug im Haus, Kerzen auch (Chanukka haben wir übergangen). Wir sollten uns alle Brustbeutel nähen, um notfalls unser ganzes Geld mitzunehmen. Wir werden Listen machen, was bei einer Flucht als Erstes mitmuss, und jetzt schon mal Rucksäcke packen.

Wenn es so weit ist, stellen wir zwei Beobachtungsposten auf, einen vorn auf dem Dachboden und einen hinten.

Und was fangen wir mit so vielen Lebensmitteln an, wenn wir kein Wasser, kein Gas und keinen Strom haben? Dann müssen wir auf dem Ofen kochen. Wasser filtern und abkochen. Wir werden große Korbflaschen sauber machen und mit Wasser füllen. Außerdem haben wir als Wasserbehälter noch drei Einmachkessel und eine Wäschewanne.

Wir werden so schnell wie möglich unseren Rot-Kreuz-Kasten, alle Wintermäntel, Schuhe, Cognac, Eau de Cologne und Zucker vom Aufbewahrungsort kommen lassen.

Wir haben außerdem noch einen Doppelzentner Winterkartoffeln im Gewürzlager.

Dieses Gequatsche höre ich den ganzen Tag, Invasion hinten und Invasion vorne, Diskussinen über Hungern, Sterben, Bomben, Feuerspritzen, Schlafsäcke, Judenausweise, Giftgase usw. usw. Alles nicht aufmunternd. Ein gutes Beispiel für die unmissverständlichen Warnungen unserer Herren ist folgendes Gespräch mit Jan:

H.: »Wir haben Angst, dass die Deutschen bei ihrem Rückzug die ganze Bevölkerung mitnehmen.«

J.: »Das ist unmöglich, dafür haben sie keine Züge übrig.«

H.: »Züge? Glauben Sie etwa, die setzen die Zivilisten auch noch in einen Wagen? Kommt gar nicht infrage, Schusters Rappen, was sonst.« (Per pedes apostolorum, sagt Pfeffer immer).

J.: »Ich glaube kein Wort davon, Sie sehen alles viel zu schwarz. Was für ein Interesse sollten sie daran haben, alle Zivilisten mitzutreiben?«

H.: »Wissen Sie nicht, dass Goebbels gesagt hat: ›Wenn wir abtreten müssen, schlagen wir in allen besetzten Gebieten die Tür hinter uns zu!‹«

J.: »Die haben schon so viel gesagt.«

H.: »Meinen Sie, die Deutschen wären für so eine Tat zu edel oder zu human? Die denken: Wenn wir untergehen müssen, dann sollen alle Menschen, die in unserem Machtbereich sind, auch untergehen.«

J.: »Sie können mir viel erzählen, ich glaube kein Wort davon!«

H.: »Es ist immer das gleiche Lied, keiner will die Gefahr erkennen, die um ihn herum ist, bevor sie ihn am eigenen Leib getroffen hat.«

J.: »Sie wissen doch auch nichts Genaues. Das sind doch nur Ihre Vermutungen.«

H.: »Wir haben das alles doch selbst erlebt, erst in Deutschland und dann hier. Und was passiert in Russland?«

J.: »Die Juden müssen Sie kurz außer Betracht lassen, ich glaube, dass niemand weiß, was in Russland los ist. Die Engländer und Russen werden genau wie die Deutschen für Propagandazwecke übertreiben.«

H.: »Das stimmt nicht, der englische Sender hat immer die Wahrheit gesagt. Und angenommen, die Nachrichten sind zu zehn Prozent übertrieben, dann sind die Tatsachen noch schlimm genug, denn Sie können nicht bestreiten, dass es eine Tatsache ist, dass in Polen und Russland viele Millionen friedlicher Menschen kurzerhand ermordet oder vergast werden.«

Weitere Gespräche erspare ich Dir, ich bin ganz ruhig und lasse mich von der ganzen Aufregung nicht beeindrucken. Ich bin so weit gekommen, dass es mir nicht mehr viel ausmacht, ob ich sterbe oder am Leben bleibe. Die Welt wird sich auch ohne mich weiterdrehen, und ich kann mich gegen die Ereignisse ohnehin nicht wehren.

Ich lasse es darauf ankommen und tue nichts anderes als lernen und auf ein gutes Ende hoffen.

Deine Anne.

Dienstag, 8. Februar 1944

Liebe Kitty,

da ich momentan offenbar eine Zeit des Nachdenkens habe und alle Gebiete abgrase, auf denen es irgendetwas zum Denken gibt, kreisten meine Gedanken wie von selbst um Vaters und Mutters Ehe. Die war mir immer als Vorbild einer idealen Ehe hingestellt worden. Nie Streit, keine bösen Mienen, vollkommene Harmonie usw. usw. Von Vaters Vergangenheit weiß ich ein wenig, und was ich nicht weiß, habe ich dazufantasiert; ich glaube zu wissen, dass Vater Mutter geheiratet hat, weil er sie als geeignet ansah, den Platz seiner Ehefrau einzunehmen. Ich muss sagen, dass ich Mutter dafür bewundere, wie sie diesen Platz eingenommen hat und, soweit ich weiß, nie gemurrt hat und auch nie eifersüchtig war. Für eine Frau, die liebt, wird es nicht einfach sein zu wissen, dass sie im Herzen ihres Mannes niemals an erster Stelle stehen wird, und Mutter hat das gewusst. Vater hat Mutter sicher dafür bewundert und ihren Charakter als großartig empfunden. Warum sollte er eine andere heiraten? Seine Ideale waren zerronnen, und seine Jugend war vorbei. Was ist aus ihrer Ehe geworden? Keine Kräche und Meinungsverschiedenheiten – nein, aber eine Idealehe ist es trotzdem nicht. Vater schätzt Mutter und liebt sie, aber nicht mit der ehelichen Liebe, wie ich sie mir vorstelle. Vater nimmt Mutter so, wie sie ist, ärgert sich oft, sagt aber so wenig wie möglich, weil er sich darüber im Klaren ist, welche Opfer Mutter bringen musste. Über die Firma, über andere Dinge, über Menschen, über alles –Vater fragt sie längst nicht immer nach ihrer Meinung, erzählt nicht alles, denn er weiß, dass sie viel zu übertrieben, viel zu kritisch und oft viel zu voreingenommen ist. Vater ist nicht verliebt, er gibt ihr einen Kuss, wie er uns küsst, er stellt sie nie als Vorbild hin, weil er das gar nicht kann. Er sieht sie neckend und spöttisch an, aber nie liebevoll.

Es mag sein, dass Mutter durch dieses große Opfer hart und für ihre Umgebung unangenehm geworden ist, aber auf diese Art wird sie immer weiter vom Weg der Liebe abkommen, immer weniger Bewunderung wecken, und sicher wird Vater irgendwann wissen, dass sie äußerlich zwar nie Anspruch auf seine volle Liebe erhoben hat, doch dadurch innerlich langsam, aber sicher verkümmert ist. Sie liebt ihn wie sonst niemanden, und es ist hart mitanzusehen, wie diese Liebe immer unerwidert bleibt.

Eigentlich müsste ich also sehr viel Mitleid mit Mutter haben? Müsste ihr helfen? Und Vater? – Ich kann nicht, ich sehe immer eine andere Mutter vor mir, ich kann es nicht. – Wie sollte ich auch? Sie hat mir nichts von sich erzählt, ich habe sie nie danach gefragt. Was weiß sie von meinen, was ich von ihren Gedanken? Ich kann nicht mit ihr reden, ich kann nicht liebevoll in diese kalten Augen sehen, ich kann nicht, niemals! – Wenn sie nur einen einzigen Zug von einer verständnisvollen Mutter hätte, entweder Sanftheit oder Freundlichkeit oder Geduld oder etwas anderes, ich würde immer wieder versuchen, ihr nahezukommen. Aber diese gefühllose Natur, diese spöttische Wesensart, das zu lieben, wird für mich von Tag zu Tag unmöglicher.

Deine Anne.

Samstag, 12. Februar 1944

Liebe Kitty,

die Sonne scheint, der Himmel ist tiefblau, es weht ein herrlicher Wind, und ich sehne mich so –, sehne mich so – nach allem ...

... nach Gesprächen, nach Freiheit, nach Freunden, nach Alleinsein. Ich sehne mich so ... nach Weinen! In mir ist ein Gefühl, als ob ich zerspringe, und ich weiß, dass es mit Weinen besser würde; ich kann es nicht. Ich bin unruhig, gehe von einem Zimmer ins andere, atme durch den Spalt eines geschlossenen Fensters, fühle mein Herz klopfen, als würde es sagen: »Erfülle doch endlich meine Sehnsucht.«

Ich glaube, dass ich den Frühling in mir spüre, ich fühle das Frühlingserwachen, ich fühle es im ganzen Körper und in meiner Seele. Ich muss mich beherrschen, um mich normal zu verhalten, ich bin völlig durcheinander, weiß nicht, was ich lesen soll, was ich schreiben soll, was ich tun soll, weiß nur, dass ich mich sehne ... –

Deine Anne.

Montag, 14. Februar 1944

Liebe Kitty,

Sonntagabend saßen außer Pim und mir alle am Radio und hörten sich die *unsterbliche Musik Deutscher Meister* an. Pfeffer drehte ununterbrochen am Apparat, Peter und auch die anderen ärgerten sich darüber. Nach einer halben Stunde unterdrückter Nervosität bat Peter ihn leicht gereizt, mit dem Herumgedrehe aufzuhören. Pfeffer erwiderte mit seinem arrogantesten Gehabe: *»Ich mach' das schon!«* Peter wurde wütend, wurde frech, Mijnheer van Pels pflichtete ihm bei, und Pfeffer musste klein beigeben. Das war alles.

Der Anlass selbst war nicht so besonders wichtig, aber Peter hat sich die Sache anscheinend sehr zu Herzen genommen, er kam jedenfalls heute Vormittag, als ich in der Bücherkiste auf dem Dachboden stöberte, zu mir und fing an, mir von dem Vorfall zu berichten. Ich wusste nichts davon, Peter merkte, dass er eine aufmerksame Zuhörerin gefunden hatte, und redete sich in Fahrt.

»Ja, und siehst du«, sagte er, »ich mache nicht so schnell den Mund auf, weil ich schon vorher weiß, dass mir nicht die richtigen Worte einfallen. Ich fange an zu stottern, werde rot und bringe durcheinander, was ich sagen wollte, bis ich aufhören muss zu reden, weil ich gar keine Worte mehr finde. So ging es mir auch gestern, ich wollte ganz was anderes sagen, aber als ich erst mal angefangen hatte, habe ich den Kopf verloren, das ist furchtbar.

Ich hatte früher eine schlechte Angewohnheit, auf die würde ich heute noch am liebsten zurückgreifen: Wenn ich auf jemanden wütend war, habe ich ihn lieber mit den Fäusten bearbeitet, als mit ihm groß zu diskutieren. Ich weiß, dass ich mit dieser Methode nicht weiterkomme, und deshalb bewundere ich dich, du findest wenigstens gleich die richtigen Worte, sagst den Leuten, was du zu sagen hast, und bist kein bisschen verlegen.«

»Da täuschst du dich«, war meine Antwort, »ich sage in den meisten Fällen die Dinge ganz anders, als ich mir ursprünglich vorgenommen hatte, und dann rede ich viel zu viel und viel zu lange, das ist ein genauso schlimmes Übel.«

»Kann sein, trotzdem hast du den Vorteil, dass man dir nie ansieht, wenn du verlegen bist. Du behältst deine Farbe und Form.«

Im Stillen musste ich über diesen letzten Satz lachen, aber ich wollte, dass er weiter von sich erzählte und nicht unsicher wurde, deshalb ließ ich mir meine Heiterkeit nicht anmerken, setzte mich auf ein Kissen auf dem Fußboden, schlang die Arme um meine angezogenen Beine und sah ihn aufmerksam an.

Ich bin unheimlich froh, dass noch jemand im Haus ist, der genau solche Wutanfälle wie ich kriegen kann. Es tat Peter sichtlich gut, dass er Pfeffer mit den schlimmsten Worten kritisieren konnte, ohne Angst vorm Verpetzen haben zu müssen. Und ich, ich fand es auch schön, weil ich ein starkes Gefühl von Gemeinsamkeit empfand, das ich früher so nur bei meinen Freundinnen hatte.

Deine Anne.

Donnerstag, 17. Februar 1944

Liebe Kitty,

die belanglose Sache mit Pfeffer hatte noch ein langes Nachspiel, und das nur durch seine eigene Schuld.

Pfeffer kam Montagabend triumphierend zu Mutter und erzählte ihr, Peter habe ihn am Morgen gefragt, ob er gut geschlafen habe, und hinzugefügt, der Vorfall vom Sonntagabend tue ihm leid, und sein Ausbruch sei nicht so ernst gemeint gewesen. Daraufhin habe Pfeffer ihm zu seiner Beruhigung versichert, dass er es ihm auch nicht übel genommen habe. Alles war demnach wieder in Butter.

Mutter hinterbrachte mir diese Geschichte, und ich war insgeheim baff, dass Peter, der so wütend auf Pfeffer war, sich trotz seiner ganzen Beteuerungen so erniedrigt hatte.

Ich konnte es mir deshalb auch nicht verkneifen, bei Peter wegen dieser Frage nachzuhaken, und hörte von ihm gleich, dass Pfeffer gelogen hatte. Jetzt hättest Du Peters Gesichtsausdruck mal sehen müssen, es wäre Gold wert gewesen, das zu fotografieren. Empörung über die Lüge, Wut, Nachdenken, was jetzt tun, Unruhe und noch viel mehr wechselten sich deutlich ab.

Es tat mir eigentlich ein bisschen leid, dass ich so vorschnell gewesen war mit meiner Frage, denn ich sah ihm an der Nasenspitze an, dass er das nicht auf sich beruhen lassen würde. Und richtig, meine Ahnung sollte sich bestätigen. Abends hatten sowohl Mijnheer als auch Peter eine heftige Auseinandersetzung mit Pfeffer, zwei Tage Schweigen, und heute ist von der ganzen Sache nichts mehr zu merken. Zum Glück!

Seit gestern ist draußen herrliches Wetter, und ich bin wieder richtig aufgelebt. Ich gehe fast jeden Morgen auf den Dachboden, um mir die stickige Zimmerluft aus der Lunge wehen zu lassen; von meinem Lieblingsplatz auf dem Fußboden schaute ich auf den blauen Himmel, den kahlen Kastanienbaum, an dessen

Zweigen kleine Tropfen glitzerten, auf die Möwen und die anderen Vögel, die in ihrem Tiefflug wie aus Silber zu sein schienen, und das alles berührte und ergriff uns beide, sodass wir nicht mehr sprechen konnten. Peter stand mit dem Kopf an einen dicken Balken gelehnt, ich saß, wir atmeten die Luft ein, sahen nach draußen und spürten, dass dies etwas war, was man nicht mit Worten unterbrechen durfte. Wir sahen sehr lange nach draußen, und als er sich ans Holzhacken machen musste, wusste ich, dass er ein feiner Kerl ist. Er stieg die Treppe zum Spitzboden hoch, ich folgte ihm, und auch in der Viertelstunde, als er Holz hackte, sprachen wir kein Wort. Ich sah ihm von meinem Stehplatz aus zu, wie er erkennbar sein Bestes tat, gut zu hacken, um mir seine Kraft zu zeigen. Aber ich sah auch aus dem offenen Fenster über ein großes Stück von Amsterdam, über die Dächer bis an den Horizont, der von einem so hellen Blau war, dass ich seine Linie nicht deutlich ausmachen konnte.

»Solange es das noch gibt«, dachte ich, »und ich es erleben darf, diesen Sonnenschein, diesen Himmel, an dem keine Wolke ist, solange *kann* ich nicht traurig sein.«

Für jeden, der verängstigt, einsam oder unglücklich ist, ist es mit Sicherheit das beste Mittel, nach draußen zu gehen, irgendwohin, wo er ganz allein ist, allein mit dem Himmel, der Natur und Gott. Denn erst dann, nur dann, spürt man, dass alles so ist, wie es sein soll, und dass Gott die Menschen in der einfachen, aber schönen Natur glücklich sehen will.

Solange es das gibt, und das wird es wohl immer, weiß ich, dass es – wie die Umstände auch sein mögen – einen Trost gibt für jeden Kummer. Und ich glaube fest daran, dass bei allem Elend die Natur viel Schlimmes abmildern kann.

Ach, wer weiß, vielleicht dauert es nicht mehr lange, und ich kann dieses überwältigende Glücksgefühl mit jemandem teilen, der es auch so empfindet wie ich.

Deine Anne.

Mittwoch, 1. März 1944

Liebe Kitty,

meine eigenen Angelegenheiten sind gerade völlig in den Hintergrund gerückt, und zwar wegen ... eines Einbruchs. Ich falle Dir auf die Nerven mit meinen Einbrüchen, aber was kann ich dafür, dass es den Einbrechern solchen Spaß macht, Gies & Co. die Ehre ihres Besuchs zu erweisen? Dieser Einbruch ist viel vertrackter als der vorige vom Juli 43.

Als Mijnheer van Pels gestern Abend wie gewöhnlich um halb acht in Kuglers Büro ging, sah er, dass die gläserne Zwischentür und die Bürotür offen standen. Er wunderte sich, ging weiter und staunte immer mehr, als auch die Türen des kleinen Raums dazwischen geöffnet waren und im vorderen Büro ein schreckliches Durcheinander herrschte. »Hier war ein Dieb«, schoss ihm durch den Kopf, und um sich gleich Gewissheit zu verschaffen, ging er die Treppe hinunter, fasste an die Haustür, überprüfte das Lips-Sicherheitsschloss, alles war in Ordnung. »Ach, dann werden wohl Bep und auch Peter heute Abend sehr schludrig gewesen sein«, nahm Mijnheer nun an. Er setzte sich eine Weile in Kuglers Zimmer, drehte dann die Lampe aus, ging nach oben und machte sich weder über die offen stehenden Türen noch über die Unordnung im vorderen Büro viele Gedanken.

Heute Morgen klopfte Peter schon früh an unsere Zimmertür und überbrachte uns die weniger erfreuliche Neuigkeit, dass die Haustür weit offen stand. Außerdem wusste er zu berichten, dass der Projektor und Kuglers neue Aktentasche aus dem Wandschrank verschwunden waren. Peter bekam den Auftrag, die Tür zu schließen, van Pels erzählte von seinen Wahrnehmungen gestern Abend, und wir waren in großem Aufruhr.

Die ganze Geschichte lässt sich nur so erklären, dass der Dieb einen Nachschlüssel für die Tür besitzt, denn die war ja überhaupt nicht aufgebrochen. Er muss sich schon sehr früh am Abend hier eingeschlichen haben, hat die Tür hinter sich geschlossen und wurde von van Pels gestört, versteckte sich, bis der gegangen war, floh dann mit seiner Beute und ließ in der Eile die Tür offen stehen.

Es ist ein Mysterium. Wer kann unseren Schlüssel haben? Warum ist der Dieb nicht ins Magazin gegangen? Ist vielleicht einer unserer Lagerarbeiter der Täter, und wird er uns jetzt nicht verraten, da er van Pels gehört und vielleicht sogar gesehen hat?

Es ist sehr unheimlich, weil wir nicht wissen, ob der betreffende Einbrecher nicht auf die Idee kommt, unsere Tür noch einmal zu öffnen, oder war er wohl selber erschrocken über den Mann, der hier herumlief?

Deine Anne.

PS: Falls Du vielleicht einen guten Detektiv für uns auftreiben kannst, wäre uns das sehr willkommen. Wichtigste Voraussetzung ist natürlich: Vertrauenswürdigkeit in Sachen Verstecken.

Deine Anne.

Dienstag, 7. März 1944

Liebe Kitty,

wenn ich über mein Leben von 1942 nachdenke, fühlt es sich wie etwas Unwirkliches an. Dieses Leben hat eine ganz andere Anne als die erlebt, die im Hinterhaus erzogen wird. Zu Hause, auf dem *Merry*, scheint es mir von hier aus gesehen so herrlich gewesen zu sein, viele Freunde und Freundinnen, verwöhnt von Vater und Mutter, viele Süßigkeiten, genug Geld, was will man mehr?

Du wirst mich bestimmt fragen wollen, wie ich all die Menschen für mich eingenommen habe, die mich früher mochten. Es war nicht äußere Anziehungskraft, überhaupt nicht, es war wegen meiner Antworten, witzigen Bemerkungen, meines kritischen Blicks und meiner guten Laune. Mehr war ich nicht, ein Flirt, kokett und manchmal unterhaltsam. Ich hatte ein paar Vorzüge, die mir Anerkennung sicherten, nämlich Fleiß und Fairness. Nie hätte ich es irgendjemandem abgeschlagen, bei mir abzuschreiben, immer stand ich für meine Fehler ein, und ich war kein bisschen hochmütig. Wäre ich es aber auf die Dauer nicht doch geworden, hätte dieses Leben mich nicht übermütig gemacht? Es ist ein Glück, in all dem Unglück, dass ich mittendrin, auf dem Höhepunkt des Festes, plötzlich in der Realität angekommen bin, und es hat gut ein Jahr gedauert, bis ich mich daran gewöhnt hatte, dass von nirgendwoher mehr Bewunderung kam.

Ich sehe auf diese Anne herab, als wäre sie ein nettes, aber sehr oberflächliches Mädchen gewesen, das mit mir nichts mehr zu tun hat. Peter hat mit vollem Recht über mich gesagt: »Wenn ich dich gesehen habe, warst du immer von zwei oder mehr Jungs und einer Schar Mädchen umringt, immer hast du gelacht und standest im Mittelpunkt!«

Was ist von diesem Mädchen noch übrig geblieben? Ja, sicher, ich habe mein Lachen und meine Antworten noch nicht verlernt, ich kann die Menschen noch genauso gut oder besser kritisieren, ich kann noch flirten, wenn ich ... es will. Genau das ist der Punkt, manchmal möchte ich noch für einen Abend, ein paar Tage, eine Woche so leben, scheinbar sorglos und fröhlich. Am Ende dieser Woche wäre ich fix und fertig und würde dem Erstbesten, der von etwas Gescheitem redet, sehr dankbar sein.

Ich will keine Verehrer, sondern Freunde, keine Bewunderer für ein schmeichelndes Lächeln, sondern für Haltung und Charakter. Ich weiß sehr gut, dass dann der Kreis um mich viel kleiner wäre. Aber was macht das schon, solange ich nur ein paar Menschen, aufrechte Menschen, übrig behalte?

Trotz alledem war ich auch 1942 nicht uneingeschränkt glücklich, das ist unmöglich, ich fühlte mich oft einsam, aber weil ich von morgens bis abends beschäftigt war, dachte ich nicht nach und hatte Spaß, sooft es ging.

Heute betrachte ich mein eigenes Leben und merke, dass ein Abschnitt unwiederbringlich abgeschlossen ist; die sorglose, unbekümmerte Schulzeit kommt nie mehr wieder. Ich sehne mich nicht einmal so sehr danach zurück, ich bin darüber hinausgewachsen, ich kann nicht nur herumalbern, ein kleiner Teil von mir bleibt immer ernst.

Ich sehe mein Leben bis Neujahr 1944 wie unter einer scharfen Lupe. Daheim das Leben mit viel Sonne, dann 1942 hier, der plötzliche Wechsel, die Streitigkeiten, die Anschuldigungen; ich konnte es nicht begreifen, ich war überrumpelt, und um Haltung zu bewahren, wusste ich mir nicht anders zu helfen als mit Frechheit. In der ersten Hälfte von 1943 meine Tränenausbrüche, die Einsamkeit, das allmähliche Einsehen all der Fehler und Unzulänglichkeiten, die so groß sind und dabei noch doppelt so groß erschienen. Ich überspielte tagsüber alles durch Reden, versuchte, Pim zu mir hinzuziehen, es glückte nicht, ich stand allein vor der schwierigen Aufgabe, mich so zu formen, dass ich mir keine Vorwürfe mehr anhören musste, denn die drückten mich nieder zu schrecklicher Mutlosigkeit. In der zweiten Jahreshälfte wurde es etwas besser, ich wurde Backfisch, wurde als mehr erwachsen angesehen. Ich begann, nachzudenken, Geschichten zu schreiben, und gelangte zu dem Schluss, dass die anderen nichts mehr mit mir zu tun hatten, sie hatten nicht das Recht, mich wie ein Uhrpendel von links nach rechts zu zerren, ich wollte mich selber umwandeln, nach meinem eigenen Willen. Ich stellte fest, dass ich Mutter entbehren kann, ganz und gar, das schmerzte, doch was mich noch mehr traf, war die Erkenntnis, dass Vater niemals mein Vertrauter werden würde. Ich vertraute keinem mehr außer mir selber.

Nach Neujahr die zweite große Veränderung, mein Traum ... damit entdeckte ich meine grenzenlose Sehnsucht nach allem, was schön ist und gut.

Und abends, wenn ich im Bett liege und mein Gebet mit den Worten beschließe: »*Ich danke dir für all das Gute und Liebe und Schöne*«, dann jubelt es in mir, dann denke ich an *das Gute* beim Verstecken, meine Gesundheit und mein ganzes Selbst, an *das Liebe* von dem, was einmal kommen wird, die Liebe, die Zukunft, das Glück, und an *das Schöne*, womit die Welt gemeint ist. Die Welt, die Natur und die unendliche Schönheit von allem, allem Schönen zusammen.

Dann denke ich nicht an all das Elend, sondern an das Schöne, das noch immer übrig bleibt. Darin besteht zum großen Teil der Unterschied zwischen Mutter und mir. Ihr Rat bei Schwermut lautet: »Denk an all das Elend in der Welt und sei froh, dass du es nicht durchmachst.«

Mein Rat lautet: »Geh hinaus, auf die Felder, in die Natur und die Sonne, geh hinaus und versuche, das Glück in dir selbst wiederzufinden; denk an all das Schöne, was in dir selber und um dich herum wächst, und sei glücklich!«

Mutters Satz kann nicht richtig sein, finde ich, denn was soll man tun, wenn man das Elend tatsächlich durchmacht? Dann ist man verloren. Dagegen glaube ich, dass noch bei jedem Kummer etwas Schönes übrig bleibt, wenn man darauf achtet, fällt einem immer mehr Freudiges auf, und man wird wieder ausgeglichen. Und wer glücklich ist, wird andere glücklich machen, wer Mut und Zuversicht hat, wird nie im Elend untergehen.

Deine Anne M. Frank.

Sonntag, 12. März 1944

Liebe Kitty,

in letzter Zeit habe ich kein Sitzfleisch mehr, ich laufe von oben nach unten und wieder zurück. Ich finde es schön, mich mit Peter zu unterhalten, aber ich habe ständig Angst, dass ich ihm lästig bin. Er hat mir einiges von früher erzählt, von seinen Eltern und von sich, ich finde es viel zu wenig und frage mich alle fünf Minuten, wie ich dazu komme, mehr zu wollen. Er fand mich früher unausstehlich, umgekehrt war es genauso, nun habe ich meine Meinung geändert, wird er seine dann auch geändert haben? Ich glaube schon, doch das bedeutet noch nicht, dass wir dicke Freunde werden müssen, obwohl ich von meiner Seite das ganze Verstecken leichter ertragen könnte. Aber ich will mich nicht verrückt machen, ich beschäftige mich genug mit ihm und will Dich nicht auch noch herunterziehen, weil ich mich miserabel fühle.

Samstagnachmittag war ich nach einer Reihe trauriger Nachrichten von draußen so durcheinander, dass ich mich auf meine Couch gelegt habe, um zu schlafen. Ich wollte nichts als schlafen, um nicht nachzudenken.

Ich schlief bis vier Uhr, musste dann nach nebenan. Es fiel mir sehr schwer, Mutter auf alle ihre Fragen zu antworten und mir für Vater einen Vorwand auszudenken, der mein Schlafen erklärte. Ich schützte Kopfschmerzen vor, was nicht gelogen war, weil ich auch Kopfschmerzen hatte ... innerlich!

Normale Menschen, normale Mädchen, Backfische wie ich werden mich wohl für plemplem halten mit meinem Selbstmitleid, aber das ist es ja gerade, bei Dir sage ich alles, was mir auf dem Herzen liegt, und ansonsten bin ich den ganzen Tag so frech, fröhlich und selbstbewusst wie nur möglich, um allen Fragen aus dem Weg zu gehen und mich innerlich über mich selbst zu ärgern.

Margot ist sehr nett zu mir und wäre gern meine Vertraute, ich kann ihr trotzdem nicht alles sagen. Sie ist nett und gut und schön, aber ihr fehlt die nötige Unbeschwertheit, um über tiefergehende Dinge zu sprechen, sie nimmt mich ernst, viel zu ernst, und denkt lange über ihre verrückte Schwester nach, sieht mich bei allem, was ich sage, forschend an und denkt bei allem: »Ist das nun Komödie oder meint sie das ernst?« Das liegt daran, dass wir ständig zusammen sind und ich meine Vertraute nicht ständig um mich herum haben könnte.

Wann finde ich aus diesem Wirrwarr von Gedanken wieder heraus, wann werden wieder Ruhe und Frieden in mir sein?

Deine Anne.

Dienstag, 14. März 1944

Liebe Kitty,

vielleicht ist es unterhaltsam für Dich (für mich nicht im Geringsten), wenn Du erfährst, wie wir heute essen werden. Im Augenblick sitze ich, weil unten die Putzfrau ist, am Wachstuchtisch bei den van Pels und drücke mir ein Taschentuch in den Mund und an die Nase, das durchtränkt ist mit wohlriechendem Parfum aus Vorversteckzeiten. Du wirst auf diese Art nicht viel kapieren, also wieder: »Am Anfang anfangen.«

Da unsere Markenlieferanten verhaftet worden sind, haben wir neben unseren fünf schwarzen Lebensmittelkarten keine Marken und kein Fett. Da Miep und Kleiman wieder krank sind, kann Bep nicht einkaufen gehen, und da die Stimmung insgesamt trübselig ist, ist es das Essen auch. Ab morgen haben wir kein Bröckchen Fett, Butter oder Margarine mehr. Wir frühstücken nicht mehr mit Bratkartoffeln (Broteinsparung), sondern mit Brei, und da Mevrouw meint, dass wir verhungern, haben wir zusätzliche Vollmilch gekauft. Unser Mittagessen heute ist Grünkohleintopf aus dem Fass. Deshalb die Vorsorge mit dem

Taschentuch. Unglaublich, wie Grünkohl, der wahrscheinlich ein paar Jahre alt ist, stinken kann! Es riecht hier im Zimmer nach einer Mischung aus verdorbenen Pflaumen, scharfem Konservierungsmittel und zehn faulen Eiern. Igitt, mir wird schon schlecht bei dem Gedanken, dass ich das Zeug essen soll!

Obendrein haben sich unsere Kartoffeln so sonderbare Krankheiten eingefangen, dass von zwei Eimern *pommes de terre* einer im Ofen landet. Wir machen uns einen Spaß daraus, die verschiedenen Krankheiten genau zu bestimmen, und sind zu dem Ergebnis gelangt, dass Krebs, Pocken und Masern einander abwechseln. Ach ja, es ist kein Vergnügen, im vierten Kriegsjahr untergetaucht zu sein. Wäre der ganze Mist nur vorbei!

Ehrlich gesagt würde mir das Essen nicht so viel ausmachen, wenn es sonst nur etwas angenehmer hier wäre. Das ist der springende Punkt, uns alle macht dieses langweilige Leben allmählich ungenießbar. Hier folgt die Meinung von fünf erwachsenen Versteckten über den gegenwärtigen Zustand (die Kinder dürfen keine Meinung haben, hab mich für diesmal auch dran gehalten).

Mevrouw van Pels.

Die Stelle der Küchenfee gefällt mir schon lange nicht mehr. Untätig rumzusitzen, ist langweilig. Also koche ich halt wieder, trotzdem muss ich mich beklagen: »Ohne Fett zu kochen, ist unmöglich, mir wird schlecht von all den ekligen Gerüchen. Nichts als Undankbarkeit und Gebrülle sind der Lohn für meine Mühe, ich bin immer das schwarze Schaf, an allem soll ich schuld sein.« Im Übrigen bin ich der Ansicht, dass der Krieg kaum vorankommt, die Deutschen werden noch am Ende den Sieg davontragen. Ich habe furchtbare Angst, dass wir verhungern, und putze alle herunter, wenn ich schlechte Laune habe.

Mijnheer van Pels.

Ich muss rauchen, rauchen, rauchen, dann sind Essen, Politik, Kerlis Laune alles nicht so schlimm. Kerli ist eine liebe Frau.

Wenn ich nichts zu rauchen kriege, werde ich krank, dann muss ich Fleisch essen, leben wir zu schlecht, ist alles nicht gut genug, und es kommt garantiert zu einem heftigen Streit. Eine schrecklich dumme Person ist meine Kerli.

Mevrouw Frank.

Das Essen ist nicht so wichtig, aber jetzt hätte ich gern eine Scheibe Roggenbrot, denn ich habe furchtbaren Hunger.

Wenn ich Mevrouw van Pels wäre, hätte ich der ewigen Raucherei von Mijnheer längst einen Riegel vorgeschoben. Jetzt brauche ich unbedingt eine Zigarette, mir ist wirr im Kopf.

Die van Pels sind schreckliche Leute; die Engländer machen viele Fehler, aber mit dem Krieg geht es voran, ich muss viel reden und froh sein, dass ich nicht in Polen bin.

Mijnheer Frank.

Alles gut, brauche nichts. Immer mit der Ruhe, wir haben Zeit genug. Gebt mir meine Kartoffeln, dann halte ich den Mund. Schnell was von meiner Ration für Bep beiseitelegen. Die Politik läuft in ausgezeichneten Bahnen, ich bin ein riesengroßer Optimist!

Mijnheer Pfeffer.

Ich muss mein Pensum schaffen, alles pünktlich erledigen. Politik läuft »oitschtekent«, dass wir geschnappt werden, ist »unmooglik«. Ich, ich, ich ...!

Deine Anne.

Donnerstag, 16. März 1944

Liebe Kitty,

puh ... uff, für ein Weilchen von den düsteren Gedankenbildern befreit! Ich höre heute nichts anderes als: Wenn dies und das passiert, kommen wir dadurch in Schwierigkeiten, und wenn noch jemand krank wird, sind wir praktisch allein auf der Welt, wenn dann ... Kurzum, den Rest kannst Du Dir denken, ich nehme jedenfalls an, dass Du die Hinterhäusler inzwischen gut genug kennst, um ihre Gespräche zu erraten.

Der Anlass für das »Wenn, wenn« ist, dass Mijnheer Kugler aufgerufen wurde, sechs Tage lang Gräben auszuschachten, Bep mehr als schlimm erkältet ist und wahrscheinlich morgen zu Hause bleiben muss, Miep ihre Grippe noch nicht überstanden hat und Kleiman eine Magenblutung mit Bewusstlosigkeit hatte. Eine wahre Trauerliste für uns!

Als Erstes muss Kugler unserer Ansicht nach zu einem vertrauenswürdigen Arzt gehen, sich ein gutes Attest schreiben lassen und das im Rathaus von Hilversum vorlegen. Die Lagerarbeiter haben morgen einen Tag frei bekommen, Bep ist dann allein im Büro. Wenn (schon wieder ein »Wenn«) Bep zu Hause bleiben sollte, bleibt die Tür verschlossen, und wir müssen mäuschenstill sein, damit uns bei Keg niemand hört, und Jan kommt um eins für eine halbe Stunde zu den Verlassenen auf Besuch, er spielt dann quasi die Rolle des Zoowärters. Jan hat heute Mittag zum ersten Mal seit langer Zeit wieder etwas von der großen Welt berichtet. Du hättest uns acht mal um ihn herum sehen müssen, fast wie auf einer Abbildung bei Grimm: Wenn Großmutter erzählt. – Er redete wie ein Wasserfall vor seinem dankbaren Publikum, übers Essen natürlich vor allem. Mevrouw Pfeffer, eine Bekannte von Miep, kocht für ihn. Diese Dame konnte mit großer Mühe drei Mohrrüben vom Gemüsemann ergattern. Vorgestern bekam Jan Möhren mit grünen Erbsen, gestern musste er den Rest davon aufessen, heute kocht sie Kapuzinererbsen und morgen wird aus den übrig gebliebenen Möhren Eintopf gemacht.

Wir erkundigten uns nach Mieps Arzt.

»Arzt?«, fragte Jan, »was erwarten Sie vom Arzt, ich habe heute Morgen bei ihm angerufen, bekam so eine junge Sprechstundenhilfe ans Telefon, bat um ein Rezept gegen Grippe, die

Antwort lautete, dass ich morgens zwischen acht und neun Uhr Rezepte abholen kann. Wenn man eine sehr schwere Grippe hat, kommt der Arzt persönlich kurz an den Apparat, sagt: ›Strecken Sie mal die Zunge raus und sagen Aaa. Ich höre schon, Sie haben einen roten Hals. Ich schreibe Ihnen ein Rezept, können Sie beim Apotheker bestellen, auf Wiederhören, Mijnheer.‹ Und damit basta. Bequeme Praxis ist das, ausschließlich Bedienung durchs Telefon. Aber ich will den Ärzten nichts vorwerfen, schließlich hat jeder Mensch nur zwei Hände, und in der heutigen Zeit gibt es eine Flut von Patienten und nur ganz wenig Ärzte.«

Trotzdem mussten wir alle kurz lachen, als Jan das Telefongespräch wiedergab. Ich kann mir gut vorstellen, wie ein Arztwartezimmer in dieser Zeit aussieht. Man sieht nicht mehr auf Kassenpatienten herab, sondern auf Leute, die nichts Ernsthaftes haben, und denkt sich dabei: »Mensch, was hast du hier zu suchen, stell dich mal schön hinten an, schlimm kranker Patient geht vor.«

Deine Anne.

Freitag, 17. März 1944

Liebste Kitty,

alles wieder *all right*. Kugler ist vom Großen Rat freigesprochen worden. Bep hat ihrer Nase einen kleinen Klaps verpasst und ihr streng verboten, sie heute zu stören. Durchs Hinterhaus weht der Wind der Erleichterung!

Deine Anne.

Donnerstag, 23. März 1944

Liebe Kitty,

hier läuft alles wieder ein bisschen. Unsere Markenmänner sind aus dem Gefängnis entlassen worden, ein Glück!

Miep ist seit gestern wieder da; heute hat sich ihr Ehemann in die Falle gelegt. Schüttelfrost und Fieber, die bekannten Grippesymptome. Bep geht's besser, obwohl der Husten anhält, Kleiman wird noch lange zu Hause bleiben müssen.

Gestern ist hier ein Flugzeug abgestürzt, die Insassen sind rechtzeitig mit Fallschirmen abgesprungen. Die Maschine schlug auf einer Schule auf, in der keine Kinder waren. Einen kleineren Brand und ein paar Tote hatte der Vorfall zur Folge. Die Deutschen haben schrecklich auf die herabschwebenden Flieger geschossen; die zuschauenden Amsterdamer platzten fast vor Wut über so eine niederträchtige Tat. Wir, das heißt die Frauen, bekamen auch einen Riesenschreck, brr, ich finde Schießen äußerst mies.

Ich gehe jetzt oft abends nach oben, um in Peters Zimmer frische Abendluft zu schnappen. In einem dunklen Zimmer kommt man viel eher zu guten Gesprächen, als wenn die Sonne einem das Gesicht kitzelt. Ich mag es, oben auf einem Stuhl neben ihm zu sitzen und nach draußen zu schauen. Van Pels und Pfeffer verhalten sich furchtbar kindisch, wenn ich in Peters Zimmer verschwinde. »Annes zweite Heimat«, heißt es dann, oder: »Gehört sich das für Herren, spätabends im Dunkeln noch Besuch von jungen Mädchen zu haben?« Peter bleibt erstaunlich ruhig und gelassen bei solchen Bemerkungen, die witzig sein sollen. Meine Mama ist übrigens auch nicht wenig neugierig und würde mich sehr gerne nach unseren Gesprächsthemen ausfragen, wenn sie nicht insgeheim Angst vor einer abschlägigen Antwort hätte. Peter sagt, die Erwachsenen sind einfach nur neidisch, weil wir jung sind und uns von ihren Gehässigkeiten nicht groß beeindrucken lassen. Manchmal holt er mich unten ab, aber das ist dann doch peinlich, denn trotz aller Vorsorge läuft sein Gesicht feuerrot an, und er bringt fast kein Wort heraus; was bin ich froh, dass ich nie rot werde, es scheint mir zweifellos eine äußerst unangenehme Empfindung zu sein. Ich finde es außerdem gar nicht schön, dass Margot allein unten sitzt, während ich oben in netter Gesellschaft bin. Aber was soll ich daran ändern? Mir ist es recht, wenn sie mit nach oben kommt, nur ist sie dann das fünfte Rad am Wagen und sitzt mehr oder weniger herum.

Ich muss mir von allen ziemlich viel anhören über die plötzliche Freundschaft und weiß wirklich nicht, wie oft es bei einem Tischgespräch schon ums Heiraten im Hinterhaus ging, falls der Krieg noch fünf Jahre andauern sollte. Was kümmern uns eigentlich diese ganzen Elternsprüche? Nicht viel auf jeden Fall, sie sind alle so abgeschmackt. Ob auch meine Eltern ihre Jugend vergessen haben? Es scheint so, sie nehmen uns jedenfalls immer ernst, wenn wir einen Witz machen, und lachen uns aus, wenn wir ernst sind.

Deine Anne.

Montag, 27. März 1944

Liebe Kitty,

ein sehr großes Kapitel unserer Versteckgeschichte müsste eigentlich die Politik einnehmen, aber da dieses Thema mich persönlich nicht so sehr beschäftigt, habe ich es viel zu oft links liegen lassen. Deshalb werde ich heute mal einen ganzen Brief der Politik widmen. Dass es sehr viele verschiedene Meinungen über diese Frage gibt, ist selbstverständlich, dass in schlimmen Kriegszeiten auch viel darüber gesprochen wird, ist noch logischer, aber ... dass so viel darüber gestritten wird, ist einfach dumm! Sollen sie doch wetten, lachen, schimpfen, meckern, sollen sie ruhig alles tun, solange sie im eigenen Saft schmoren, aber sie sollen sich nicht streiten, denn das hat meistens weniger gute Folgen. Die Menschen, die von draußen kommen, bringen sehr viele unwahre Nachrichten mit; unser Radio aber hat bis jetzt noch nie gelogen. Jan, Miep, Kleiman, Bep und Kugler sind alle in ihren politischen Stimmungen mal *up* und mal *down*, Jan noch am wenigsten von allen.

Hier im Hinterhaus ist die Stimmung, was die Politik angeht, eigentlich immer gleich. In den zahllosen Debatten über Invasion, Luftbombardierungen, Ansprachen usw. usw. hört man auch zahllose Ausrufe wie »unmooglik«, »*um Gottes Willen*«, wenn sie jetzt erst anfangen wollen, was soll das dann wohl noch werden! Es läuft »oitschtekend«, prima, famos!

Optimisten und Pessimisten und, nicht zu vergessen, vor allem die Realisten geben mit unermüdlicher Energie ihre Meinung zum Besten, und wie das immer so ist, glaubt jeder, er hätte recht. Eine gewisse Dame ärgert sich über das beispiellose Vertrauen, das ihr Herr Gemahl in die Engländer setzt, ein gewisser Herr attackiert seine Gattin wegen ihrer spöttischen und geringschätzigen Bemerkungen über seine geliebte Nation!

Von morgens früh bis abends spät, und das Schönste ist, dass ihnen dabei nie langweilig wird. Ich habe etwas erfunden, das eine gewaltige Wirkung hat, es ist, als würde man jemanden mit Nadeln piksen und ihn dadurch aufspringen lassen. Genau so wirkt mein Mittel, fang von Politik an, nur eine Frage, ein Wort, ein Satz, und sofort steckt die ganze Familie mittendrin!

Als ob nun die deutschen Wehrmachtberichte und die englischen BBCs noch nicht genug wären, wurde kürzlich eine *Luftlagemeldung* eingeführt. Mit einem Wort, grandios; aber – die Kehrseite der Medaille – oft auch enttäuschend. Die Engländer machen aus ihrer Luftwaffe einen Rund-um-die-Uhr-Betrieb, nur vergleichbar mit den deutschen Lügen, die dito dito sind!

Also, Radio läuft schon um acht Uhr morgens (wenn nicht früher) und wird jede Stunde gehört bis abends neun, zehn oder oft auch elf. Das ist der beste Beweis, dass die Erwachsenen Geduld und schwer erreichbare Gehirne haben (manche natürlich, ich will niemanden beleidigen), wir müssten nach einer, höchstens zwei Sendungen doch längst für den ganzen Tag genug haben! Aber die alten Schafsköpfe, kurzum, ich sagte es ja bereits!

Arbeiter-Programm, *Oranje*, Frank Phillips oder Ihre Majestät Wilhelmina, alle kommen dran und finden ein gleich williges Ohr, und wenn sie hier nicht gerade essen oder schlafen, sitzen sie am Radio und unterhalten sich über Essen, Schlafen und Politik. Uff, es wird langweilig und ganz schön schwer, dabei kein fades Hutzelweib zu werden. Bei den alten Herrschaften kann Letzteres nicht mehr so viel schaden!

Um ein leuchtendes Beispiel zu geben, eignet sich die Rede unseres allerseits sehr geliebten Winston Churchill ideal.

Neun Uhr, Sonntagabend. Der Tee unter der Wärmehaube auf dem Tisch, die Gäste treten ein. Pfeffer neben dem Radio links, Mijnheer davor, Peter daneben. Mutter neben Mijnheer, Mevrouw dahinter. Margot und ich ganz hinten und Pim am Tisch. Ich merke, dass ich nicht sehr deutlich schreibe, wie wir sitzen, aber eigentlich tun unsere Plätze auch kaum was zur Sache. Die Herren paffen, Peter fallen vom anstrengenden Zuhören die Augen zu, Mama im langen, dunklen Negligé und Mevrouw am Bibbern wegen der Flugzeuge, die unbeeindruckt von der Rede eifrig nach Essen fliegen, Vater Tee schlürfend, Margot und ich schwesterlich vereint durch die schlafende Katze, denn Mouschi nimmt zwei verschiedene Knie in Beschlag. Margot hat Lockenwickler im Haar, ich trage ein Nachthemd und einen viel zu kleinen, zu engen und zu kurzen Bademantel.

Es wirkt vertraut, gemütlich, friedlich, für diesmal ist es das auch, trotzdem warte ich voller Angst auf die Folgen der Rede.

Sie können es nämlich kaum erwarten, zappeln vor Ungeduld, ob es nicht wieder zu einem Streit kommt! Ksch, ksch, als würde eine Katze eine Maus aus ihrem Loch hervorlocken, so reizen sie sich gegenseitig zu Zank und Streit

Deine Anne.

Mittwoch, 29. März 1944

Liebe Kitty,

gestern Abend sprach Minister Bolkestein auf *Radio Oranje* darüber, dass nach dem Krieg Tagebücher und Briefe aus diesem Krieg zusammengetragen werden sollen. Natürlich bestürmten mich alle sofort wegen meines Tagebuchs.

Stell Dir mal vor, wie interessant es wäre, wenn ich einen Roman über das Hinterhaus herausbringen würde; allein vom Titel her würden die Leute denken, es sei ein Detektivroman. Aber jetzt im Ernst: Es muss ungefähr zehn Jahre nach dem Krieg schon komisch wirken, wenn wir erzählen, wie wir als Juden hier gelebt, gegessen und geredet haben. Auch wenn ich Dir viel von uns erzähle, weißt Du nur ein ganz kleines bisschen von unserem Leben.

Wie viel Angst die Frauen hier haben, wenn die Bomben fallen, zum Beispiel am Sonntag, als dreihundertfünfzig englische Maschinen eine halbe Million Kilo Bomben über IJmuiden abgeworfen haben, wie dann die Häuser zittern wie ein Grashalm im Wind, wie viele Epidemien hier herrschen, von all diesen Dingen weißt Du nichts, und ich müsste den ganzen Tag nichts anderes tun als schreiben, wenn ich alles bis in die letzten Einzelheiten hinein erzählen sollte. Die Leute stehen Schlange für Gemüse und alles Mögliche andere, die Ärzte können keine Krankenbesuche machen, weil ihnen immer wieder ihr Fahrzeug gestohlen wird, Einbrüche und Diebstähle gibt es jede Menge, das geht so weit, dass man sich fragt, ob etwas in die Niederländer gefahren ist, weil sie plötzlich so diebisch geworden sind. Kleine Kinder von acht und elf Jahren schlagen die Fensterscheiben von

Wohnungen ein und klauen alles, was nicht niet- und nagelfest ist. Keiner traut sich, für fünf Minuten seine Wohnung zu verlassen, denn wenn man weg ist, sind auch die Sachen weg. Jeden Tag stehen Annoncen mit Belohnungen für das Wiederbeschaffen von gestohlenen Schreibmaschinen, Perserteppichen, elektrischen Uhren, Stoffen usw. in der Zeitung. Elektrische Straßenuhren werden abmontiert, die Telefone in den Zellen bis auf das letzte Stückchen Draht auseinandergenommen. Die Stimmung in der Bevölkerung kann nicht gut sein, alle haben Hunger, mit der Wochenration kann man nicht mal zwei Tage auskommen, außer mit dem Ersatzkaffee. Die Invasion lässt lange auf sich warten, die Männer müssen nach Deutschland, die Kinder werden krank oder sind unterernährt, alle haben schlechte Kleidung und schlechte Schuhe.

Eine Sohle kostet schwarz 7,50 Gulden, dabei nehmen die meisten Schuster keine Kunden an, oder man muss vier Monate auf die Schuhe warten, die inzwischen oft verschwunden sind.

Eines ist daran gut, nämlich dass die Sabotage gegen die Verwaltung umso stärker wird, je schlechter die Ernährung und je strenger die Maßnahmen gegen die Bevölkerung werden. Die Zuteilungsstelle, die Polizei, die Beamten, alle wirken entweder dabei mit, den Mitbürgern zu helfen, oder sie verpfeifen sie und bringen sie damit ins Gefängnis. Zum Glück steht nur ein kleiner Anteil der niederländischen Bürger auf der falschen Seite.

Deine Anne.

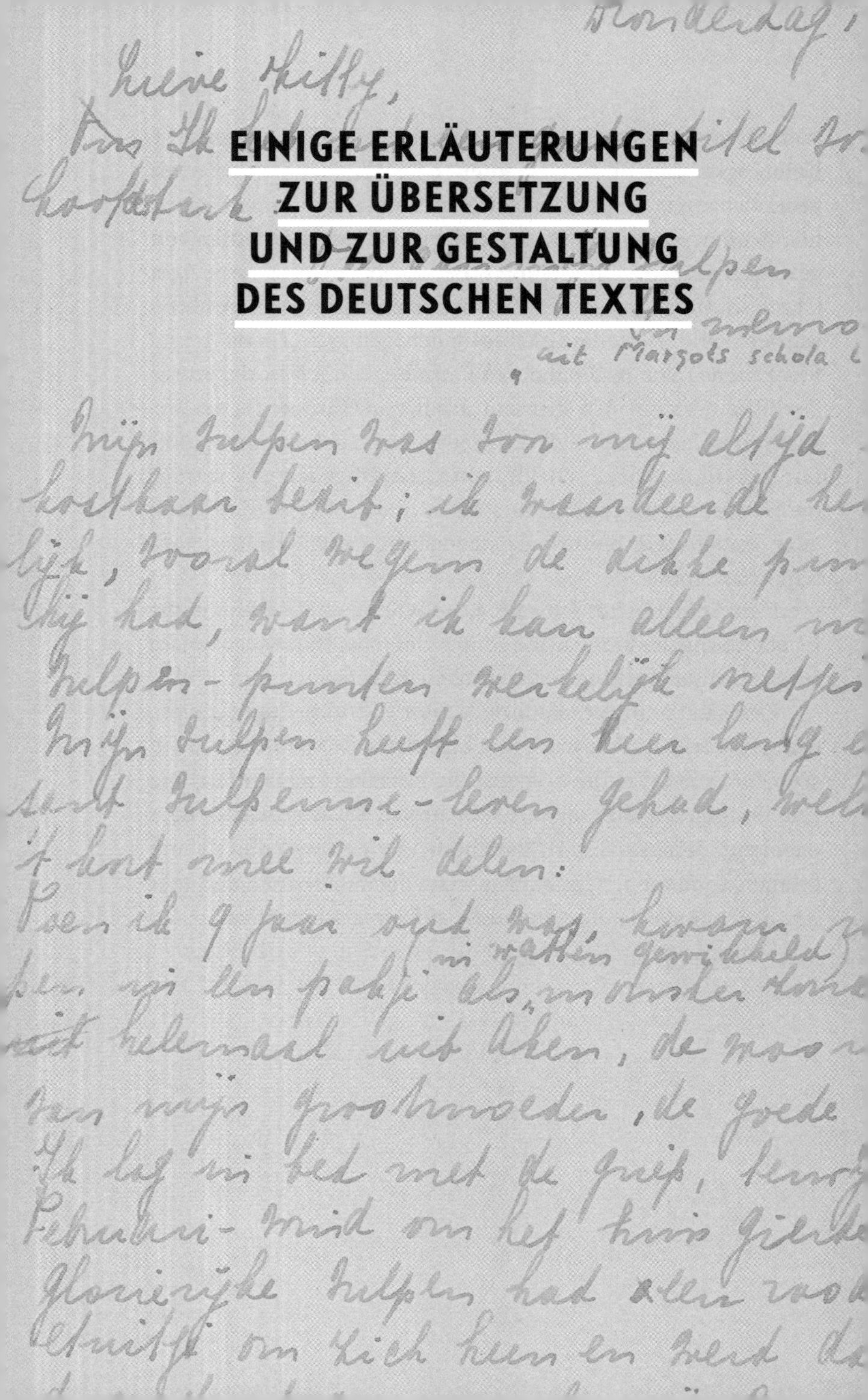

EINIGE ERLÄUTERUNGEN ZUR ÜBERSETZUNG UND ZUR GESTALTUNG DES DEUTSCHEN TEXTES

FÜR IHR BUCH »Das Hinterhaus« hat Anne Frank ihre ursprünglichen, spontan niedergeschriebenen Tagebuchaufzeichnungen gründlich überarbeitet. Doch sie konnte ihren geplanten Roman nicht vollenden, und wir wissen nicht, ob sie ihn später tatsächlich in dieser Form veröffentlicht hätte. Beim Übersetzen stellt sich deshalb die Frage, ob dieser Text in erster Linie ein belletristisches Werk ist oder ein Zeitdokument, denn die Antwort auf diese Frage hat entscheidenden Einfluss auf die Übersetzungsstrategie. Wie Laureen Nussbaum in ihrem Essay zeigt, hat sich Anne Frank im Hinterhaus zu einer Schriftstellerin entwickelt. Die literarische Qualität des Textes steht außer Frage. Und doch befindet er sich durch die Umstände, in denen er entstand und nun erstmals als Einzelveröffentlichung erscheint, in einem Spannungsfeld zwischen Kunstwerk und historischem Dokument. Um beiden Aspekten gerecht zu werden, mussten für die Übersetzung einige grundlegende Entscheidungen getroffen werden, die ich hier kurz erläutern möchte.

Der Text der Übersetzung wurde mit den Experten des Anne Frank Hauses abgestimmt. Dabei ging es vor allem darum, die Charakteristika des Originals so weit wie möglich zu erhalten. Die oft sehr langen Sätze wurden übernommen, in einigen wenigen Fällen wurde ein Semikolon oder ein Doppelpunkt eingefügt, wenn das im Deutschen sinnvoll erschien. Zahlen wurden den Konventionen entsprechend ausgeschrieben. Mit Kommata ging Anne Frank sehr eigenwillig um, in der Übersetzung folgt die Kommasetzung den Regeln der deutschen Sprache. Überall da, wo sich im Original vier oder fünf aufeinanderfolgende Punkte als Stilmittel finden, wurden in der Übersetzung drei Punkte gesetzt.

Anne Frank benutzt manchmal Anführungszeichen als Mittel der ironischen Distanzierung, aber auch, um etwas hervorzuheben oder zu kennzeichnen (zum Beispiel Buchtitel). Hin und wieder fehlen die schließenden Anführungszeichen. Sie wurden in der Übersetzung ergänzt; außerdem wurden da, wo es eindeutig der Logik des Textes entsprach, auch dort Anführungszeichen gesetzt, wo sie im Original fehlten.

Fehler in der Schreibweise von Namen oder Orten und offensichtliche Flüchtigkeitsfehler wurden korrigiert. In einigen Fällen sind historische Ereignisse nicht mit dem richtigen Datum wiedergegeben. Dennoch wurden die Daten aus der Handschrift übernommen. In einem Fall wurde das Datum des Eintrages korrigiert: Sonntag, 13. (statt 12.) Dezember 1942.

Im Original werden Personennamen meist abgekürzt, zum Beispiel Pf. (Pfeffer) und v. P. (van Pels). In der Übersetzung wurden diese Namen ausgeschrieben.

Da Anne Frank ihre Texte in niederländischer Sprache verfasst hat, gebraucht sie die Anrede »Mijnheer« und »Mevrouw«. Anders als »Herr« oder »Frau« im Deutschen lassen sich diese Anredeformen auch ohne den Nachnamen benutzen, und es fällt auf, dass Anne Frank die Begriffe manchmal auch einsetzt, um ihre Distanz zu bestimmten Personen auszudrücken. Deshalb wurde die niederländische Anrede in der Übersetzung beibehalten, was in Übersetzungen aus »größeren« Sprachen ohnehin eine Selbstverständlichkeit ist.

Im Original gibt es einige Germanismen, also Wörter und Wendungen, die wörtlich aus dem Deutschen ins Niederländische übersetzt wurden – wie zum Beispiel das im Niederländischen nicht existierende Wort »volbad« (Vollbad). Um die Lesbarkeit des Textes nicht zu beeinträchtigen, wurden solche Stellen in der Übersetzung nicht gekennzeichnet.

Deutsche und englische Wörter und Wendungen im niederländischen Text wurden – samt eventuellen Rechtschreibfehlern – übernommen und durch Kursivierung hervorgehoben, wie etwa am 19. März 1943 der *Führer aller Germanen*.

Niederländische Begriffe und deutsch-niederländische Mischformen, die Anne Frank benutzt, um die mangelnden Niederländischkenntnisse ihrer Mitbewohner zu karikieren, wurden ebenfalls wörtlich übernommen. Wo sie sich nicht erschließen, werden sie im Anhang erläutert.

Bei dem im Text erwähnten Buch »Herren, Knechte, Frauen« handelt es sich um den (Kurz-)Titel der deutschen Übersetzung. Die Titel der anderen erwähnten Bücher wurden auch ins Deutsche übersetzt.

In literarische Übersetzungen werden gern Erläuterungen für Sachverhalte, die Lesern des anderen Sprachraums wahrscheinlich nicht bekannt sind, »hineingeschmuggelt«. Der Doppelcharakter des Textes schloss diese Möglichkeit aus. Es wurde nichts hinzugefügt, notwendige Erläuterungen zum historischen Kontext finden sich stattdessen ebenfalls im Anhang.

Frau Prof. Dr. Laureen Nussbaum bin ich zu großem Dank verpflichtet. Sie war so freundlich, die Übersetzung durchzusehen, und ich verdanke ihr viele Anregungen.

WALTRAUD HÜSMERT

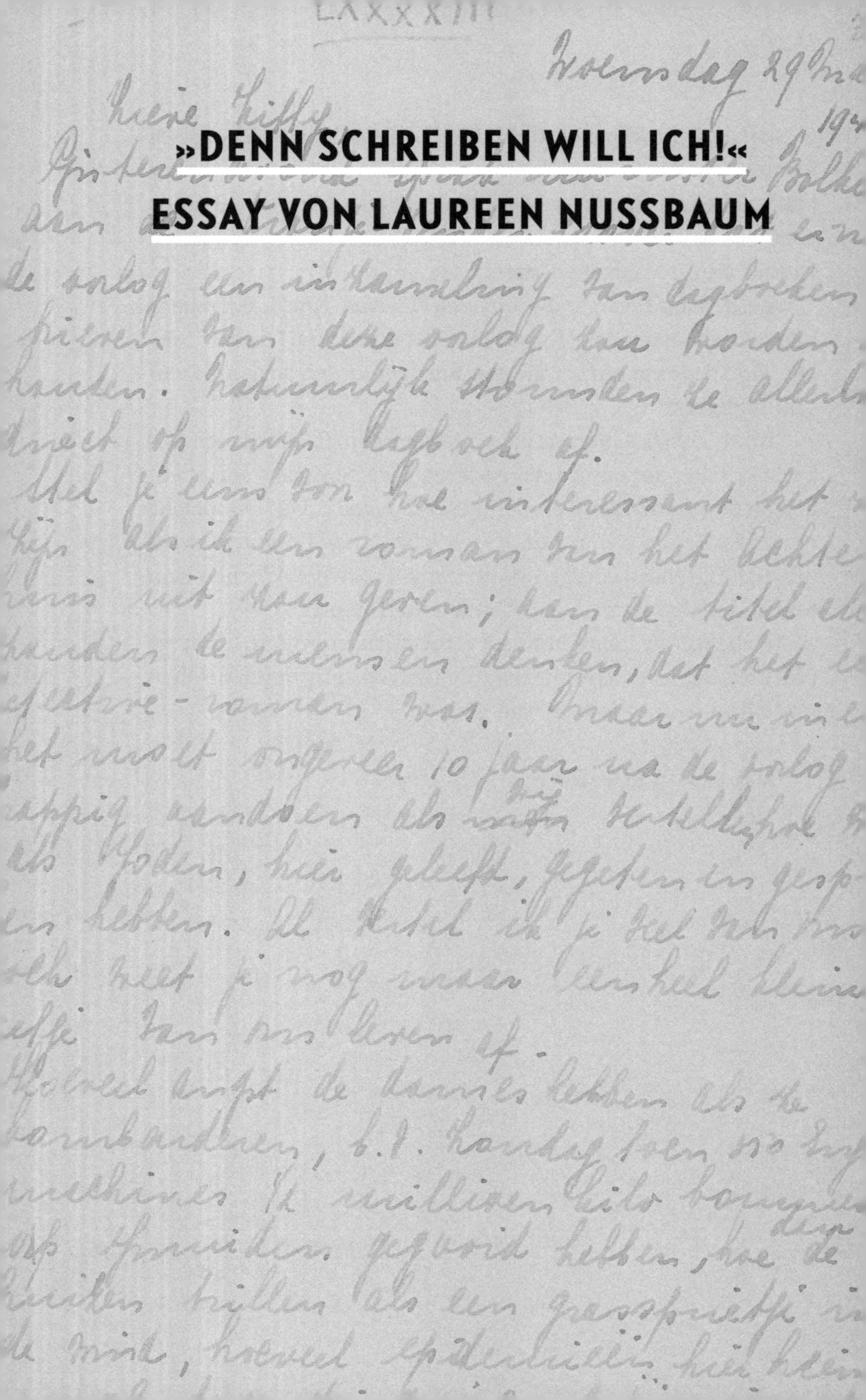

»DENN SCHREIBEN WILL ICH!«
ESSAY VON LAUREEN NUSSBAUM

ANNES LETZTE TAGEBUCHEINTRAGUNG in vorliegendem Buch beginnt mit einem sensationellen Aufruf über den illegalen BBC-Sender *Radio Oranje*: Gerrit Bolkestein, der niederländische Minister für Schulwesen, Kunst und Wissenschaften im Exil, fordert die Bevölkerung im besetzten Vaterland dazu auf, Briefe und Tagebücher aufzuheben. Sie sollen nach dem Krieg gesammelt werden und als Grundlage für die zukünftige Geschichtsschreibung dienen.

»Natürlich bestürmten mich alle sofort wegen meines Tagebuchs«, berichtet Anne der imaginären Brieffreundin Kitty am 29. März 1944. »Stell Dir mal vor, wie interessant es wäre, wenn ich einen Roman über das Hinterhaus herausbringen würde; allein vom Titel her würden die Leute denken, es sei ein Detektivroman. Aber jetzt im Ernst: Es muss ungefähr zehn Jahre nach dem Krieg schon komisch wirken, wenn wir erzählen, wie wir als Juden hier gelebt, gegessen und geredet haben. Auch wenn ich Dir viel von uns erzähle, weißt Du nur ein ganz kleines bisschen von unserem Leben.«

Anne trägt sich wochenlang mit dem Gedanken, ihre spontanen Tagebuchnotizen zu überarbeiten. Am 11. Mai 1944, nachdem sie Kitty über ihr umfangreiches Leseprogramm berichtet hat, schreibt sie: »Nun über etwas anderes: Du weißt schon längst, dass es mein Lieblingswunsch ist, einmal Journalistin und später eine berühmte Schriftstellerin zu werden. Ob ich diese hochfliegenden (größenwahnsinnigen!) Neigungen jemals ausleben kann, muss sich noch zeigen, aber Themen habe ich jetzt schon. Nach dem Krieg will ich auf jeden Fall ein Buch mit dem Titel ›Das Hinterhaus‹ herausbringen, ob das gelingt, ist auch die Frage, aber mein Tagebuch kann dafür nützlich sein.«

Acht Tage später, am 19. Mai, macht Anne einen Strich unter ihre aufkeimende Liebschaft mit Peter, indem sie ihr Inneres fest vor ihm verschließt, und am nächsten Morgen hebt sie an: »Endlich, nach sehr vielen Überlegungen, habe ich nun mit meinem ›Hinterhaus‹ angefangen, in meinem Kopf ist es schon so weit fertig, wie es fertig sein kann, aber in Wirklichkeit wird es längst nicht so schnell gehen, wenn es überhaupt je fertig wird.« Immerhin schrieb Anne in den nächsten zweieinhalb Monaten 215 Blätter Durchschlagpapier voll mit einer überaus gründlichen Überarbeitung ihrer ursprünglichen Tagebücher.

Leider kam sie mit ihrer Neufassung nicht weiter als bis zum 29. März 1944, ebenjenem Datum, an dem sie zum ersten Mal die Möglichkeit erwähnt, einen Roman über das Hinterhaus zu veröffentlichen. Am 4. August 1944 dringt ein Überfallkommando in das Geschäftsgebäude an der Prinsengracht 263 ein und verhaftet die acht Untergetauchten sowie die beiden männlichen Geschäftsführer der dort ansässigen Firmen. Nachdem man sie abgeführt hatte, schlichen sich die Hauptsekretärin Miep Gies und die Büroangestellte Bep Voskuijl in das Versteck und sammelten die auf dem Fußboden verstreuten Tagebücher und Papierbögen nebst einigen Kleinigkeiten auf. Frau Gies schloss alles in eine Büroschublade, in der Hoffnung, sie könne Anne sämtliche Schriften nach Kriegsende zurückgeben.

Anfang September wurden die Familie Frank und die vier anderen Versteckten nach Auschwitz deportiert, in dem letzten Zug, der aus den Niederlanden dorthin fuhr. Nach Kriegsende, im Juni 1945, kam Otto Frank allein zurück. Seine Frau Edith war im Januar vor Erschöpfung gestorben. Anne und ihre ältere Schwester Margot hatte man jedoch mit einem Transport noch arbeitsfähiger Frauen westwärts geschickt. Sie wurden in das Konzentrationslager Bergen-Belsen verfrachtet. Otto Frank fand heraus, wohin man seine Töchter gebracht hatte, und hoffte, dass sie dort alle Entbehrungen überlebt hätten. Mitte Juli hörte er dann von einer der wenigen heimgekehrten Frauen, dass beide Mädchen im Februar 1945 – zwei Monate vor der Befreiung des

Lagers – verlaust und hungrig an Fleckfieber gestorben waren. Auf diese tieftraurige Nachricht hin übergab Frau Gies die Tagebücher, die losen Blätter und anderen Schriften, die sie und Bep gut elf Monate zuvor vom Fußboden aufgeklaubt hatten, Annes Vater.

All diese Details erfuhr ich bereits im Sommer 1945, denn die Familie Frank gehörte zum Freundeskreis meiner Eltern, Joseph und Marianne Klein. Meine Schwestern und ich waren zusammen mit Anne und Margot im Amsterdamer Flussviertel aufgewachsen. Margot radelte allwöchentlich mit meiner älteren Schwester und mir zum liberal-jüdischen Religionsunterricht, und Anne spielte die Hauptrolle in einem Theaterstück, »Die Prinzessin mit der Nase«, das eine Gruppe elf- bis zwölfjähriger Emigrantenkinder im Dezember 1941 in der Wohnung meiner Eltern zweimal aufführte. Ich war vierzehn und die Regisseurin, zusammen mit Anneliese Schütz, die später Annes Tagebuch ins Deutsche übertragen sollte. Anne fiel auf durch ihr schnelles Auffassungsvermögen. Ihre Lebhaftigkeit fand ich jedoch irritierend, wahrscheinlich, weil ich selber viel Temperament hatte. Margot war ruhig und erstaunlich würdevoll – und das imponierte mir.

Ich sehe noch heute vor mir, wie Otto Frank kurz nach seiner Rückkehr aus Auschwitz, eine Mappe mit Annes Schriften unterm Arm, in unserem Wohnzimmer stand und sich mit meinen Eltern beriet, ob er Annes Tagebuch veröffentlichen sollte. Sie waren gewiss nicht die einzigen Freunde, die ihm zuredeten.

So kurz nach dem Krieg war es nicht leicht, einen Verlag für Annes Tagebuch zu interessieren. Die Redakteure meinten, dass ihre Leser sich auf die Zukunft richten und die schrecklichen Kriegserfahrungen lieber hinter sich lassen wollten. Dennoch erschien Ende Juni 1947 Anne Frank: »Het Achterhuis. Dagboekbrieven van 12 juni 1942 tot 1 augustus 1944« bei dem

Amsterdamer Contact Verlag in einer Auflage von 3 036 Exemplaren. Es folgten allein in den ersten drei Jahren fünf weitere Auflagen.

Knapp vier Monate nach der Erstveröffentlichung des Buches heiratete ich Rudi Nussbaum, der wie Otto Frank als Einziger seiner Familie den Krieg überlebt hatte. Es war eine sehr bescheidene, zurückhaltende Hochzeit. Otto Frank war unser Trauzeuge. Auch nachdem wir Nussbaums im Herbst 1957 in die Vereinigten Staaten ausgewandert waren, hielten Otto Frank und ich über Jahrzehnte hinweg schriftlichen Kontakt. Im Sommer 1969, auf unserer ersten Europareise, besuchten mein Mann und ich Otto Frank und seine zweite Frau Elfriede Geiringer, von allen Fritzi genannt, in Basel. Sie zeigten uns ein Bücherregal voller Ausgaben von Annes Tagebuch in Dutzenden Sprachen. Jugendliche aus aller Welt schrieben Briefe an Otto, zumeist auf Englisch. Die enorme Korrespondenz füllte beider Leben, denn Fritzi tippte Ottos Antworten auf der Schreibmaschine.

Nachdem ich 1976 endlich meinen Doktor in Sprach- und Literaturwissenschaften gemacht hatte, erbat ich mir Otto Franks Erlaubnis zu einer wissenschaftlichen Untersuchung von Annes Tagebuch. Er erteilte sie mir gern, erwähnte jedoch nicht, dass die von ihm herausgegebene Version von Annes Tagebuch ein Amalgam aus zwei verschiedenen Fassungen war, die er 30 Jahre zuvor zusammengeschweißt hatte. Wahrscheinlich wusste er nicht, dass man für eine solche literarische Studie alles bestehende Textmaterial braucht.

Als Otto Frank dann 1980 im Alter von 91 Jahren starb, hinterließ er Annes sämtliche Schriften dem niederländischen Staatsinstitut für Kriegsdokumentation, damals als RIOD und heute als NIOD abgekürzt. Dort stellten sachkundige Mitarbeiter eine vollständige textkritische Ausgabe der Tagebücher von Anne Frank zusammen, die 1986 in niederländischer Sprache erschien und kurz darauf auch in deutscher und englischer Übersetzung. In zehn einleitenden Kapiteln berichten die drei Verfasser, David Barnouw, Harry Paape und Gerrold van der Stroom, unter anderem über die Vorgeschichte der Familie Frank. Sie erklären, dass Annes ursprüngliches Tagebuch Ende des Jahres 1942 vollgeschrieben war und dass sie sich danach mit Schul- und Bürroheften behelfen musste. Die Autoren widmen eines der einleitenden Kapitel grafologischen und gerichtlichen Untersuchungen zur Echtheit der verschiedenen Schriften. Der Hauptteil dieser beachtlichen Ausgabe besteht jedoch aus einem gut 500 Seiten langen Paralleldruck. Zuoberst steht jeweils der Wortlaut aus Annes spontanen Tagebüchern, der A-Fassung, darunter der Text ihrer gründlichen Überarbeitung vom Vorsommer 1944 als B-Fassung. Zuunterst folgt schließlich das von Otto Frank herausgegebene Amalgam, die C-Fassung, die bis dahin die Grundlage für alle Übersetzungen und das Mitte der 1950er-Jahre entstandene Theaterstück bildete.

Vergleicht man Annes »Hinterhaus«, die B-Fassung also, in der textkritischen Ausgabe mit der parallel gedruckten ersten, unbearbeiteten Fassung des Tagebuchs, dann fällt auf, mit wie viel Selbstkritik und literarischem Sachverstand die kaum Fünfzehnjährige bei ihrer Neufassung vorging. Viele Eintragungen ließ sie ganz weg, andere überarbeitete sie, fügte neue Beschreibungen, Erkenntnisse und verbindende Gedanken hinzu und schuf so einen interessanten, höchst lesbaren Text. Deutlich erkennbar sind neben ihrem beachtlichen schriftstellerischen Talent auch die Einsichten, die sie aus ihrer fleißigen und überaus ernsthaften Lektüre vor allem von historischen Romanen und von Biografien bedeutsamer Figuren gewonnen hatte – etwa Bücher über Galileo Galilei, Kaiser Karl V., Florence Nightingale, Peter Paul Rubens und Franz Liszt, um nur einige zu nennen.

Erst anhand der textkritischen Ausgabe konnte ich mir den offensichtlichen Stilbruch gleich am Anfang der gängigen c-Fassung erklären. Anne bekam ihr rot-weiß kariertes Tagebuch zu ihrem 13. Geburtstag am 12. Juni 1942 geschenkt. Nach dem Titelblatt gibt sie eine eher kindliche Beschreibung von diesem Geburtstag, in der sie das noch unbeschriebene Tagebuch besonders hervorhebt. Im selben Stil schildert sie ihre Geburtstagsfeier. Nach einem kurzen Verbindungssatz folgt dann aber die gut durchdachte, literarische Einleitung zu ihrer Neufassung, in der Anne geschickt ihre Bestrebungen als Tagebuchverfasserin schmälert, um das Interesse der Leser zu wecken. Sie erklärt, dass sie sich trotz ihrer vermeintlichen Beliebtheit oft sehr einsam fühlt, gibt einen kurzen autobiografischen Abriss und beginnt dann sofort mit ihrem ersten Brief an die imaginäre Freundin Kitty, bei der sie von Zeit zu Zeit ihr Herz ausschütten möchte.

In ihrem »Hinterhaus«-Text braucht Anne nur vier Eintragungen, um dem Leser klarzumachen, dass ihr Leben trotz aller antijüdischen Verordnungen im Frühjahr 1942 noch erträglich war. Diese bis dahin relativ unbeschwerte, halb freie Existenz endet mit der offiziellen Schulversetzungsfeier in der *Joodse Schouwburg*, dem Jüdischen Theater. Der Ort sollte kurz darauf berüchtigt werden als erste Sammelstelle für die Deportation eines Großteils der Amsterdamer Juden. In einem besonders gut geschriebenen, kompakten Übergangstext unter dem Datum des 5. Juli 1942 berichtet Anne von einem kurzen, wahrscheinlich imaginierten Spaziergang mit ihrem Vater. Damit gibt sie ihm die Gelegenheit, seiner Tochter zu eröffnen, dass für den Notfall ein Versteck für die ganze Familie vorbereitet sei.

Am Nachmittag desselben Tages erhält die sechzehnjährige Margot den Befehl, sich zum Arbeitseinsatz in Deutschland zu melden. Annes Bericht von der hellen Aufregung an diesem Sonntagnachmittag und von dem schnell gefassten Entschluss, als ganze Familie gleich am nächsten Tag unterzutauchen, ist bekannt. Otto Frank hat diese Schilderung fast unverändert aus der revidierten Fassung in seine Erstausgabe der Tagebücher übernommen. Dasselbe gilt auch für Annes detaillierte Beschreibung des Hinterhauses vom 9. und 10. Juli, die sie erst für ihre überarbeitete Fassung geschrieben hat. Anne veranschaulicht mit diesen genauen Angaben ganz bewusst die Umgebung für ihre späteren Darstellungen. Ihre Leser sollten sich ein genaues Bild davon machen können, wo sie sich versteckt hielt, wo sie aß, las, schrieb und Schulaufgaben machte, wo sie weinte und schlief, hoffte und bangte, sich mit den Schicksalsgefährten auseinandersetzte und sich unter dem Druck der schwierigen Umstände bald zu einer recht autonomen Person und zu einer jungen Schriftstellerin entwickelte.

Den Einzug der Familie van Pels ins Hinterhaus nimmt Anne in ihrer Neufassung zum Anlass für eine kurze, humoristische Skizze der neuen Hausgenossen (14. August 1942). Sie war eine begabte Beobachterin, und was sie wahrnahm, wusste sie in prägnante Worte zu fassen, vorzugsweise in Dialogform. Ein gutes Beispiel ist ein Wortwechsel zwischen den beiden Müttern, Edith Frank und Auguste van Pels, über »Bescheidenheit« unter dem Datum 28. September 1942. Solche Vignetten vergisst man so schnell nicht.

Als Anne im Frühsommer 1944 ihre ursprünglichen Eintragungen vom Herbst 1942 überarbeitete, strich sie die meisten Wutausbrüche gegen ihre Mutter sowie einen Passus über das sehnsüchtige Verlangen der Dreizehnjährigen nach ihrer ersten Periode – Themen, über die sie hinausgewachsen war. Nicht gestrichen, sondern besser herausgearbeitet hat Anne ihre ursprünglichen Berichte über das Schicksal jüdischer Bekannter, die man in Viehwaggons erst in das Sammellager Westerbork, dann in »ferne und barbarische« Gebiete abschob. »Wir nehmen an, dass die meisten ermordet werden. Der englische Sender spricht von Vergasung; vielleicht ist das ja die schnellste Todesart«, schreibt sie fassungslos am 9. Oktober 1942. Da entschließen sich die Eltern Frank und van Pels, eine achte Person im Versteck aufzunehmen, um noch ein weiteres Menschenleben zu retten. Wie schon bei der Ankunft der Familie van Pels nutzt Anne in der Neufassung Fritz Pfeffers Einzug dazu, die Nachrichten aus der Außenwelt zu kommentieren. Neben den bedrückenden Schreckensbotschaften, die Pfeffer mitbringt, erscheinen ihr die eigenen Gefühle der Verlassenheit und Leere nichtig (19. und 20. November 1942).

Annes A-Fassung von Zahnarzt Pfeffers Ankunft bis zum 22. Dezember 1943 ist leider verloren gegangen – bis auf einige verstreute Aufzeichnungen, mit denen Anne Leerstellen in ihrem ursprünglichen Tagebuch füllte. Für diese dreizehn Monate existiert also nur die B-Fassung. Der besonders informative Text über diese Zeitspanne dürfte manchen Lesern bekannt vorkommen. Da gibt es einerseits von Anfang August 1943 an die systematische Beschreibung des Tagesablaufs der acht Untergetauchten im Hinterhaus mit geistreichen Skizzen über das Verhalten der um den Mittagstisch gescharten Personen, unter denen sich öfter auch Büropersonal befindet. Andererseits berichtet Anne schwungvoll und mit Humor über Ereignisse, welche die Routine unterbrechen, etwa von einer Zahnbehandlung (10. Dezember 1942) oder von einem Luftangriff (18. Mai 1943). Ihre »Ode an meinen Füllfederhalter« vom 11. November 1943 ist ein kleines Meisterstück autobiografischer Erzählkunst. Daneben schreibt sie liebevoll über die Helfer, die alles daransetzen, die acht Untergetauchten durch die schreckliche Zeit zu bringen, und hebt dabei ganz besonders Miep Gies' aufopfernde Hilfsbereitschaft hervor (11. Juli 1943).

Das zweite Halbjahr 1943 war für Annes Entwicklung als Schriftstellerin von großer Bedeutung. Bereits Ende 1942 schrieb sie erste sporadische Kurzgeschichten, destilliert aus Vorfällen im Hinterhaus. Im Sommer 1943 beginnt sie, sich fiktive Geschichten auszudenken, worüber sie ihrer Brieffreundin Kitty am 7. August berichtet. Diese Erzählungen sowie die Hinterhausvignetten schreibt sie säuberlich in ihr »Geschichtenbuch« ab. Gleichzeitig legt sie Mitte September 1943 ein »Zitatenbuch« (*Mooie-zinnen boek*) an – eine Idee ihres Vaters –, in dem sie hernach kürzere und längere Passagen aus ihrer anspruchsvollen Lektüre festhält.

Im Winter 1943/1944 wagt Anne sich sogar daran, einen ersten Roman anzufangen, »Cady's leven« (*Cadys Leben*), in dem sie die Lebensgeschichte ihres Vaters verarbeitet. Dieser Erstling bleibt aber in den Anfängen stecken. Am 5. April notiert Anne in ihrem Tagebuch: »An Cady's leven habe ich lange nicht mehr gearbeitet, ich habe genau im Kopf, wie es weitergehen soll, aber ich komme nicht gut voran. Vielleicht wird es nie fertig und im Papierkorb oder Ofen landen. Das ist eine schlimme Vorstellung, aber dann denke ich wieder, mit 14 Jahren und so wenig Erfahrung kann man auch noch keine Philosophie schreiben. Also einfach weiter, mit neuem Mut, es wird schon gelingen, denn schreiben will ich!«

Vom 20. Mai 1944 an werden ihre Gedanken dann voll und ganz beherrscht von ihrem »Hinterhaus«. Zu den Themen, die im Laufe des Jahres 1943 immer wieder in Annes »Hinterhaus« auftauchen, gehören die heftigen Auseinandersetzungen zwischen Anne und ihrer Mutter und zwischen all den anderen Versteckten, die einander begreiflicherweise auf die Nerven gehen. Anne schreibt über die zunehmende Nahrungsmittelknappheit und über Nachrichten von draußen. Letztere befassen sich überwiegend mit Kriegsmeldungen, die nach Stalingrad langsam hoffnungsvoller werden, und mit dem furchterregenden Schicksal jüdischer Freunde und Bekannter. Am 27. März berichtet Anne von einer Rede des Höheren SS- und Polizeiführers Hanns Rauter, in der er ankündigt, dass die Niederlande bis zum 1. Juli systematisch von Juden »gesäubert« werden sollten. »Als ob es Kakerlaken wären«, ist Annes bitterer Kommentar.

Unter dem 8. November 1943 beschreibt sie auf sehr poetische Weise ihre Angstvision, in der sie sich und die anderen sieben Untergetauchten in ihrem Hinterhaus in einem lichten Stückchen blauen Himmels sieht, umringt von drohenden schwarzen Regenwolken. »Das runde, abgegrenzte Fleckchen, auf dem wir stehen, ist noch sicher, doch die Wolken rücken mehr und mehr an uns heran, und der Ring, der uns von der nahenden Gefahr trennt, schließt sich immer enger.« In einem Albtraum drei Wochen später erscheint ihr die Schulfreundin Hanneli Goslar zerlumpt und hungrig in einem fernen Konzentrationslager und bittet sie um Hilfe. Schuldbewusst erinnert sich die Erzählerin daran, dass sie gerade diese Freundin ungerecht behandelt hatte, und sie grübelt darüber, ob Hanneli, die frommer erzogen wurde als sie selbst, nun in ihrem Glauben Halt findet. Verstört fragt sich Anne, womit sie sich ein besseres Schicksal verdient habe als ihre Freundin (27. November 1943). Hatte Anne sich bei der Überarbeitung ihrer Aufzeichnungen für das Jahr 1943 noch vornehmlich auf Schilderungen des täglichen Lebens im Hinterhaus konzentriert, so zeigen die erwähnten November-Eintragungen eine zunehmende innere Einkehr. Von nun an steht der Übergang von kindlicher Abhängigkeit zu einem mündigen und selbstbestimmten Leben im Mittelpunkt ihres Interesses.

Von Ende Dezember 1943 an gibt es wieder drei Parallelfassungen in der kritischen Ausgabe, die Vergleiche ermöglichen. Schon an den ersten Revisionen der Eintragungen vom 22. und

24. Dezember lässt sich ablesen, dass die junge Schriftstellerin Anne sich mehr zusammennimmt, höhere Ansprüche an sich stellt als das Mädchen, das ein halbes Jahr zuvor die ursprünglichen Tagebuchaufzeichnungen niedergeschrieben hatte. Dabei tilgt sie keineswegs die Berichte über ihre Stimmungsschwankungen zwischen Dankbarkeit für ihre relativ sichere Existenz im Hinterhaus und Auflehnung gegen die Tatsache, dass die Nazis sie ihrer Jugend und ihrer Freiheit beraubt haben. Anne sehnt sich danach, sich jung und frei fühlen zu können, sieht jedoch ein, dass sie diese Sehnsucht im Zaum halten muss. In der »Hinterhaus«-Fassung ihres Textes vom 24. Dezember fügt sie daher hinzu: » [...] stell Dir vor, wir würden uns alle acht beklagen oder unzufriedene Mienen aufsetzen, wohin würde das führen?«

An der Neufassung ihrer Texte vom ersten Viertel des Jahres 1944 fällt auf, dass sie viele gefühlsbetonte Textstellen aus den ursprünglichen Aufzeichnungen gestrichen hat. Die Tagebucheintragung vom 6. Januar 1944, in der sie sich einerseits von ihrer Mutter abwendet und anderseits die Entwicklung ihres eigenen Körpers auf eine Weise beschreibt, die ihr später bei der Überarbeitung als Roman unpassend vorkam, ließ sie vollkommen aus.

Es handelt sich hier um Gedanken wie: »Ich habe das Bedürfnis, in meiner Mutter ein Vorbild zu sehen und Respekt vor ihr zu haben, und in den meisten Dingen ist meine Mutter tatsächlich ein Vorbild für mich, aber ein Vorbild dafür, wie ich etwas gerade nicht tun soll.« Ein Stück weiter heißt es unter demselben Datum: »Jedes Mal, wenn ich meine Regel habe (und das war erst dreimal), habe ich das Gefühl, dass ich trotz der Schmerzen, des Unangenehmen und Ekligen ein süßes Geheimnis in mir trage, und deswegen, auch wenn ich nichts als Unannehmlichkeiten damit habe, freue ich mich in gewissem Sinne des Wortes immer wieder auf die Zeit, in der ich dieses Geheimnis wieder in mir spüre.«

Andere Motive gestaltete sie in freie Erzählungen um und nahm sie in ihr Geschichtenbuch auf. So formte sie Ende Februar ihre Vision von der geliebten Großmutter mütterlicherseits (A-Fassung vom 29. Dezember 1943) um in die trostreiche Erzählung »Der Schutzengel«, und kurz darauf verwandelte sie ihre Verliebtheit in Peter van Pels in die romantische Schilderung einer Jugendliebe unter dem Titel »Das Glück«. Beide Erzählungen findet man in dem Band Anne Frank: »Geschichten und Ereignisse aus dem Hinterhaus« (Frankfurt/Main 1988).

Als Anne Frank im Juni/Juli 1944 ihre Eintragungen vom Anfang desselben Jahres in eine literarische Fassung brachte, war sie durch eine beachtliche innere Entwicklung gegangen und hatte ihre stürmische Verliebtheit in Peter weit hinter sich gelassen. Einige Peter-Passagen, die sie ein halbes Jahr zuvor noch überschäumend vor Begeisterung niedergeschrieben hatte, änderte sie ab, die meisten strich sie ganz. In der Neufassung ihrer Bilanz vom 7. März 1944, in der sie sich geistig von ihren Eltern lossagt und unendlich tapfer ihre Eigenständigkeit und das Leben bejaht, kommt Peter nicht mehr vor.

Da die acht Untergetauchten entdeckt und verhaftet wurden, als Anne mit ihrer Überarbeitung bei den Tagebucheintragungen von Ende März 1944 angelangt war, gibt es für die letzten vier Monate im Hinterhaus keinen B-Text. Nach einer emotionalen Krise am 4./5. April 1944 – während Anne sich bereits mit dem Gedanken trägt, ihre Tagebuchaufzeichnungen in einen publizierbaren Briefroman zu verwandeln – reißt sie sich zusammen und schreibt: » [...] ich muss arbeiten, um nicht dumm zu bleiben, um vorwärts zu kommen, um Journalistin zu werden, denn das will ich! Ich weiß, dass ich schreiben kann, ein paar Geschichten sind gut, meine Hinterhausbeschreibungen humorvoll, vieles in meinem Tagebuch ist sehr anschaulich, aber … ob ich wirklich Talent habe, das muss sich noch zeigen. […] Ich selbst bin hier meine schärfste und beste Kritikerin, ich weiß selbst, was gut geschrieben ist und was nicht.«

Seit mehr als 25 Jahren war es mein großes Anliegen, dass Annes »Hinterhaus« als eigenständiges Romanfragment erscheinen möge, damit Anne endlich als die junge Schriftstellerin anerkannt werde, zu der sie sich offensichtlich während der letzten Monate im Hinterhaus entwickelt hatte. Ich bin froh und dankbar, dass es nun endlich so weit ist!

PROF. DR. LAUREEN NUSSBAUM,
Seattle, im November 2018

GLOSSAR

10
Vollblutjuden. Wörtliche Übersetzung des von Anne Frank verwendeten Begriffs »volbloedjoden«. Dieser Begriff wurde in der damaligen Umgangssprache verwendet und bezieht sich auf die Bestimmungen der Nürnberger Gesetze: Wer drei oder mehr jüdische Großeltern hatte, wurde von den Nazis als »Volljude« (niederländisch »voljood«) eingestuft.
... Uhr zu Hause sein. Zeitangabe unleserlich durch Tintenfleck.

11
Joods Lyceum. Weiterführende Schule, gegründet für jüdische Kinder, nachdem die deutschen Besatzer angeordnet hatten, dass diese gesonderte Schulen besuchen mussten.

18
Joodse Schouwburg. Das Theater »Hollandsche Schouwburg« hieß seit 1941 – auf Befehl der Besatzungsmacht – »Joodsche Schouwburg«. Es durften nur jüdische Künstler und Musiker vor ausschließlich jüdischem Publikum auftreten.

18
Schulnoten. Die niederländische Notenskala reicht von 1 bis 10. Eine 1 ist die schlechteste und eine 10 die beste Note.

20
Joodse Invalide. Ein Heim für alte und behinderte jüdische Menschen am Weesperplein in Amsterdam.

36
Radio Oranje. Ein Rundfunksender der niederländischen Exilregierung in London während des Zweiten Weltkriegs. Das Programm wurde um 21 Uhr von der BBC ausgestrahlt.

40
Mevrouw und Juffrouw. Im Prinzip wurde eine verheiratete Frau damals mit »Mevrouw« (Frau) und eine unverheiratete Frau mit »Juffrouw« (Fräulein) angesprochen. Allerdings wurde eine verheiratete Frau manchmal auch »Juffrouw« genannt, um einen Standesunterschied zu betonen.

48
Westerbork. Vom »Polizeilichen Judendurchgangslager Westerbork« aus deportierten die Nazis mehr als 100 000 jüdische Männer, Frauen und Kinder in die Konzentrations- und Vernichtungslager. Von hier aus wurden auch mehr als 200 Sinti und Roma sowie Widerstandskämpfer deportiert.

49
Grüne Polizei. Die Beamten der deutschen uniformierten »Ordnungspolizei«.
52
Nervenachtik. Gemeint ist: nervös; Mischung aus Deutsch und Niederländisch.
63
Kopfgeld. Eine »Prämie« von anfangs 7,50 Gulden, die bestimmte Gruppen von Polizisten und Beamten pro »abgeliefertem« Juden erhielten. Später wurde der Betrag erhöht.
69
Mikpoppetje. Was Anne Frank damit meint, konnte nicht geklärt werden. Mögliche Erklärungen: eine Art Stutenkerl, ein Anziehpüppchen, ein Ballspiel oder eine Stoffpuppe als Behältnis für Nachtwäsche.
84
Mof. Ein Schimpfwort für einen Deutschen. Ein britischer Soldat wurde als »Tommy« bezeichnet.
86
Schwimmseife. Eine Ersatzseife, in die bei der Produktion viel Luft eingeschlagen wurde.
90
Rauter. Hanns Albin Rauter, höchster Vertreter der SS in den Niederlanden.
131
Merry. Merwedeplein in Amsterdam-Süd, an dem die Familie Frank wohnte, bevor sie ins Versteck ging.
149
Anne Robin. So wollte Anne sich vermutlich in ihrem Roman nennen.
157
Home Service. Inländischer Hörfunk der BBC während des Zweiten Weltkriegs.
160
Marechaussee. Niederländische Militärpolizei
179
Oitschtekent. Hier persifliert Anne Frank Pfeffers schlechte Aussprache des niederländischen Worts »uitstekend« (ausgezeichnet, hervorragend).
Unmooglijk. Deutsch-niederländische Mischung aus »onmogelijk« und der deutschen Übersetzung »unmöglich«.

Ik verheug me erg over de komst van
v. P. die op Dinsdag vastgesteld is;
het zal veel gezelliger en ook minder
stil zijn. De stilte is het namelijk
die me 's avonds en 's nachts zo zenuw-
achtig maakt en ik zou ~~Bep 's avonds~~
~~wel vast willen houden als ze als~~
~~laatste weg~~gaat er heel wat voor geven
als een van onze beschermers hier
zou slapen.
Gisteren hadden we veel werk, we moesten
twee mand kersen ontpitten voor
mijnheer Kugler om ze te conserveren.
~~De pitjes~~ Van de kersenkistjes maken
we boekenrekjes.
Overdag moeten we altijd erg zacht lo-
pen zacht spreken, want in het magazijn
mogen ze ons niet horen.
het wordt ik geroepen
je Anne.